Duden

SMS Schnell-Merk-System

Latein
Grammatik

5. bis 10. Klasse

Dudenverlag
Berlin · Mannheim · Zürich

Inhaltsverzeichnis

1 Substantive

Jedes Substantiv steht in einem bestimmten
- **Kasus** (Fall): Nominativ, Genitiv, Dativ, Akkusativ, Ablativ, Vokativ,
- **Numerus** (Zahl): Singular oder Plural, und hat ein bestimmtes
- **Genus** (Geschlecht): Maskulinum (männlich), Femininum (weiblich) oder Neutrum (sächlich).

animālium (der Tiere): Genitiv

Plural

Neutrum

Die Formveränderung von Substantiven nennt man **Deklination.** Es gibt fünf Deklinationen.

Die erste oder ā-Deklination

Die Substantive der ā-Deklination enden auf ***-a*** (Gen. *-ae*) und sind fast immer **Feminina.**

vīll**a,** -ae (Landgut)

	Singular	Plural
Nominativ	vīll **a**	vīll **ae**
Genitiv	vīll **ae**	vīll **ārum**
Dativ	vīll **ae**	vīll **īs**
Akkusativ	vīll **am**	vīll **ās**
Ablativ	vīll **ā**	vīll **īs**
Vokativ	vīll **a!**	vīll **ae!**

■ Einige Wörter der ā-Deklination sind **Maskulina.** Personen behalten ihr natürliches Geschlecht.

agricol**a,** -ae (Bauer) · poēt**a,** -ae (Dichter) · naut**a,** -ae (Seemann)

■ Manche kommen **nur im Plural** vor.

dīviti**ae,** -ārum (Reichtum) · īnsidi**ae,** -ārum (Hinterhalt)

Die zweite oder o-Deklination

Die Substantive der o-Deklination auf ***-us*** und ***-er*** (Gen. *-ī*) sind **Maskulina,** die Substantive auf ***-um*** (Gen. *-ī*) sind **Neutra.**

amīc**us,** -ī (Freund) · pu**er,** -ī (Junge) · templ**um,** -ī (Tempel)

Bei den Neutra ist der Akkusativ gleich dem Nominativ. Im Singular ist die Endung *-um*, im Plural *-a*.

Marcus templ**um** (Akk.) videt. Templ**um** (Nom.) magnum est.

		m		m		n	
Sg.	**Nom.**	amīc	**us**	puer		templ	**um**
	Gen.	amīc	**ī**	puer	**ī**	templ	**ī**
	Dat.	amīc	**ō**	puer	**ō**	templ	**ō**
	Akk.	amīc	**um**	puer	**um**	templ	**um**
	Abl.	amīc	**ō**	puer	**ō**	templ	**ō**
	Vok.	amīc	**e**!	puer	!	templ	**um**!
Pl.	**Nom.**	amīc	**ī**	puer	**ī**	templ	**a**
	Gen.	amīc	**ōrum**	puer	**ōrum**	templ	**ōrum**
	Dat.	amīc	**īs**	puer	**īs**	templ	**īs**
	Akk.	amīc	**ōs**	puer	**ōs**	templ	**a**
	Abl.	amīc	**īs**	puer	**īs**	templ	**īs**
	Vok.	amīc	**ī**!	puer	**ī**!	templ	**a**!

Beachte, dass bei manchen Substantiven auf *-er* bei der Deklination das *-e* entfällt.

ager (Feld) *Gen.:* a**grī** (des Feldes)

Der Vokativ wird bei den **Maskulina** auf ***-us*** mit ***-e*** gebildet. Ausnahmen sind *fīlius, -ī (Sohn)* und die Eigennamen auf *-ius.*

mī fīl**ī**! (mein Sohn!) · Ga**ī**! (Gaius!)

Die dritte oder konsonantische Deklination

Die dritte Deklination umfasst
- Konsonantenstämme und
- i-Stämme.

Die Konsonantenstämme

Bei den Konsonantenstämmen **endet der Wortstamm,** d. h. der Wortstock (der unveränderliche Wortbestandteil) und der Kennvokal, **auf einen Konsonanten.**

cōnsul, cōnsu**l**-is (Konsul) · ōrātiō, ōrātiō**n**-is (Rede) · lēx, lē**g**-is (Gesetz) · foedus, foede**r**-is (Bündnis)

Die Substantive der Konsonantenstämme haben
- im **Ablativ Singular *-e,***
- im **Genitiv Plural *-um,***
- und bei den Neutra im **Nominativ** und **Akkusativ Plural *-a.***

victor (Sieger)
victōr**e**
victōr**um**
corpus (Körper)
corpor**a**

Der **Vokativ** ist immer gleich dem Nominativ.

cīvis! (Bürger!)

		m		f		f		n	
Sg.	Nom.	cōnsul		ōrātio		lēx		foedus	
	Gen.	cōnsul	**is**	ōrātiōn	**is**	lēg	**is**	foeder	**is**
	Dat.	cōnsul	**ī**	ōrātiōn	**ī**	lēg	**ī**	foeder	**ī**
	Akk.	cōnsul	**em**	ōrātiōn	**em**	lēg	**em**	foedus	
	Abl.	cōnsul	**e**	ōrātiōn	**e**	lēg	**e**	foeder	**e**
Pl.	Nom.	cōnsul	**ēs**	ōrātiōn	**ēs**	lēg	**ēs**	foeder	**a**
	Gen.	cōnsul	**um**	ōrātiōn	**um**	lēg	**um**	foeder	**um**
	Dat.	cōnsul	**ibus**	ōrātiōn	**ibus**	lēg	**ibus**	foeder	**ibus**
	Akk.	cōnsul	**ēs**	ōrātiōn	**ēs**	lēg	**ēs**	foeder	**a**
	Abl.	cōnsul	**ibus**	ōrātiōn	**ibus**	lēg	**ibus**	foeder	**ibus**

Die i-Stämme

Zu den i-Stämmen gehören:

- die **gleichsilbigen Substantive** (Nominativ und Genitiv Singular haben gleich viele Silben) **auf *-is*** und ***-ēs*,** — nāv**is,** nāvis (Schiff) · nūb**ēs,** nūbis (Wolke)
- die **ungleichsilbigen Substantive,** deren Wortstock auf **zwei oder mehrere Konsonanten** ausgeht, — pa**rs,** partis (Teil) · ge**ns,** gentis (Stamm)
- die **Substantive auf *-ar, -e, -al*.** — anim**al,** -is (Tier) · mar**e,** -is (Meer) · exempl**ar,** -is (Muster, Vorbild)

Bei den i-Stämmen endet der **Wortstamm auf *-i*.** — cīvis, cīv**i**-s (Bürger)

Die Substantive der i-Stämme haben

- im **Genitiv Plural *-ium*** und — pars, partis (Teil) – part**ium**
- bei den Neutra im **Nominativ** und **Akkusativ Plural *-ia*.** — mare, -is (Meer) – mar**ia**

Die i-Stämme

Aufgepasst:

- Einige der gleichsilbigen Substantive bilden den **Akkusativ Singular** auf *-im* und den **Ablativ Singular** auf *-ī*.

turris, -is (Turm) – turr**im** · sitis, -is (Durst) – sit**im** · febris, -is (Fieber) – febr**ī** · Tiberis, -is (der Tiber) – Tiber**ī**

- Die **Neutra** auf *-ar, -e, -al* haben im **Ablativ Singular** *-ī*.

animal, -is (Tier) – animāl**ī** · mare, -is (Meer) – mar**ī** · exemplar, -is (Muster, Vorbild) – exemplar**ī**

- Im **Genitiv Plural** haben *-um* statt *-ium: canis, -is (Hund), iuvenis, -is (junger Mann)* und *sēdes, -is (Sitz).*

iuvenis, -is – iuven**um** · sedes, -is – sed**um**

		gleichsilbig				ungleichsilbig		-ar, -e, -al	
		m/f		f		f		n	
Sg.	Nom.	cīv	**is**	turr	**is**	pars		animal	
	Gen.	cīv	**is**	turr	**is**	part	**is**	animāl	**is**
	Dat.	cīv	**ī**	turr	**ī**	part	**ī**	animāl	**ī**
	Akk.	cīv	**em**	turr	**im**	part	**em**	animāl	
	Abl.	cīv	**e**	turr	**ī**	part	**e**	animāl	**ī**
Pl.	Nom.	cīv	**ēs**	turr	**es**	part	**ēs**	animāl	**ia**
	Gen.	cīv	**ium**	turr	**ium**	part	**ium**	animāl	**ium**
	Dat.	cīv	**ibus**	turr	**ibus**	part	**ibus**	animāl	**ibus**
	Akk.	cīv	**ēs**	turr	**es**	part	**ēs**	animāl	**ia**
	Abl.	cīv	**ibus**	turr	**ibus**	part	**ibus**	animāl	**ibus**

Besonderheiten

Nur im Plural kommen vor:

frūgēs, frūgum (f) – Getreide
māiōrēs, māiōrum (m) – Vorfahren
moenia, moenium (n) – Stadtmauer
opēs, opum (f) – Schätze, Macht
precēs, precum (f) – Bitten
vīrēs, vīrium (f) – Kräfte
faucēs, faucium (f) – Schlund, Schlucht
optimātēs, optimātium (m) – Aristokraten

Eine **andere Bedeutung im Plural als im Singular** haben:

aedēs, aedis (f) – Tempel	aedēs, aedium (f) – Haus
fīnis, fīnis (m) – Grenze	fīnēs, fīnium (m) – Gebiet
pars, partis (f) – Teil	partēs, partium (f) – Partei

■ Von *vīs [f] (Gewalt)* gibt es im Singular nur den Nominativ, den Akkusativ *vim* und den Ablativ *vī*;
■ *fās (göttliches Recht)* und *nefās (Frevel)* sind nicht deklinierbar und kommen nur im Nominativ und Akkusativ Singular vor.

Unregelmäßige Formen bilden *Iuppiter* [m] *(Jupiter)*, *bōs* [m/f] *(Rind)* und *vās* [n] *(Gefäß)*:

	Sg.	Sg.	Pl.	Sg.	Pl.
Nom.	Iuppiter	bōs	bovēs	vās	vāsa
Gen.	Iovis	bovis	boum	vāsis	vāsōrum
Dat.	Iovī	bovī	bōbus (būbus)	vāsī	vāsīs
Akk.	Iovem	bovem	bovēs	vās	vāsa
Abl.	Iove	bove	bōbus (būbus)	vāse	vāsīs

Dritte Deklination – welches Genus?

Zur dritten Deklination gehören Substantive mit unterschiedlichen Endungen. Hier findest du eine Übersicht, welche Wörter welches Genus haben.

Maskulina sind die Wörter auf:	
-or	labor, labōris – Arbeit
-ōs	mōs, mōris – Sitte
-er	agger, aggeris – Damm

Feminina sind die Wörter auf:	
-ō	regiō, regiōnis – Gegend
-is	classis, classis – Flotte
-ās	aestās, aestātis – Sommer
-ēs	mercēs, mercēdis – Lohn quiēs, quiētis – Ruhe
-ōs	dōs, dōtis – Gabe
-ūs, -ūdis	laus, laudis – Lob
-ūs, -ūtis	virtūs, virtūtis – Tugend
-x	vōx, vōcis – Stimme
Kons. + -s	hiems, hiemis – Winter plēbs, plēbis – Volk

Neutra sind die Wörter auf:	
-men	flūmen, flūminis – Fluss
-us, -eris	genus, generis – Geschlecht
-us, -oris	corpus, corporis – Körper
sowie	aes, aeris – Erz caput, capitis – Kopf iter, itineris – Reise, Weg iūs, iūris – Recht rōbur, rōboris – Kraft rūs, rūris – Land vās, vāsis – Gefäß

Eine Reihe von Substantiven hat abweichend von den Regeln ein anderes Genus. Hier findest du eine Zusammenfassung **wichtiger Ausnahmen.**

1

Maskulina

cinis, cineris – Asche	mēnsis, mēnsis – Monat
collis, collis – Hügel	mōns, montis – Berg
dēns, dentis – Zahn	obses, obsidis – Geisel
finis, finis – Ende	orbis, orbis – Kreis
fōns, fontis – Quelle	ōrdō, ōrdinis – Ordnung
grex, gregis – Herde	pēs, pedis – Fuß
homō, hominis – Mensch	pōns, pontis – Brücke
ignis, ignis – Feuer	pulvis, pulveris – Staub
imber, imbris – Regen	sanguis, sanguinis – Blut
lapis, lapidis – Stein	sermō, sermōnis – Rede
leō, leōnis – Löwe	vertex, verticis – Scheitel

Merksatz

Masculīnī generis
sind die Wörter all auf -nis
und collis, orbis, mēnsis,
lapis, piscis, pulvis, sanguis,
līmes, pariēs, pēs,
ōrdō, sermō, grex,
dēns, fōns, mōns, und pōns.

Feminina

arbor, arboris – Baum	tellūs, tellūris – Erde

Neutra

aequor, aequoris – Meer	lac, lactis – Milch
aes, aeris – Erz	mel, mellis – Honig
cor, cordis – Herz	ōs, ōris – Mund
iter, itineris – Weg, Reise	vēr, vēris – Frühling

Die vierte oder u-Deklination

Die Substantive der u-Deklination auf ***-us*** sind **Maskulina**, die auf ***-ū*** **Neutra.**
Aufgepasst: **Feminina** sind *manus, -ūs (Hand), domus, -ūs (Haus)* und *porticus, -ūs (Säulengang).*
Domus hat im Genitiv und Akkusativ Plural und im Ablativ Singular Formen der o-Deklination. Die Formen in Klammern sind weniger üblich.

curs**us,** -ūs (Lauf) · corn**ū ,** ūs (Horn)

		m		n		f		
Sg.	Nom.	curs	**us**	corn	**ū**	dom	**us**	
	Gen.	curs	**ūs**	corn	**ūs**	dom	**ūs**	
	Dat.	curs	**uī**	corn	**uī (-ū)**	dom	**uī**	
	Akk.	curs	**um**	corn	**ū**	dom	**um**	
	Abl.	curs	**ū**	corn	**ū**	dom	**ō**	
Pl.	Nom.	curs	**ūs**	corn	**ua**	dom	**ūs**	
	Gen.	curs	**uum**	corn	**uum**	dom	**ōrum**	(dom**uum**)
	Dat.	curs	**ibus**	corn	**ibus**	dom	**ibus**	
	Akk.	curs	**ūs**	corn	**ua**	dom	**ōs**	(dom**ūs**)
	Abl.	curs	**ibus**	corn	**ibus**	dom	**ibus**	

Die fünfte oder ē-Deklination

Die Substantive der ē-Deklination sind **Feminina.**

rēs, rei (Sache) · fides, fideī (Treue)

Sg.	Nom.	r	**ēs**	Pl.	Nom.	r	**ēs**
	Gen.	r	**eī**		Gen.	r	**ērum**
	Dat.	r	**eī**		Dat.	r	**ēbus**
	Akk.	r	**em**		Akk.	r	**ēs**
	Abl.	r	**ē**		Abl.	r	**ēbus**

Manche Substantivausgänge sind mehrdeutig, daher kann man den Kasus nicht sofort bestimmen. Um zu wissen, welcher Fall steht, muss man die Deklination kennen, zu der das Substantiv gehört.

Die häufigsten Verwechslungsmöglichkeiten

	Kasus	Deklination	Beispiel	Grundform
-a/-ā	Nom. Sg. f	ā-Dekl.	tabula	tabula, -ae f
	Abl. Sg. f	ā-Dekl.	vīllā	vīlla, -ae f
	Nom./Akk. Pl. n	o-Dekl.	dona	donum, -ī n
	Nom./Akk. Pl. n	dritte Dekl.	corpora	corpus, -oris n
-ae	Gen. Sg. f	ā-Dekl.	epistulae	epistula, -ae f
	Dat. Sg. f	ā-Dekl.	pecūniae	pecūnia, -ae f
	Nom. Pl. f	ā-Dekl.	īnsulae	īnsula, -ae f
-ī	Gen. Sg. m	o-Dekl.	filiī	filius, -ī m
	Gen. Sg. n	o-Dekl.	aurī	aurum, -ī n
	Dat. Sg. m/f/n	dritte Dekl.	lēgī	lēx, lēgis f
-is/-īs	Dat./Abl. Pl. m/f/n	o-/ā-Dekl.	amīcīs	amīcus, -ī m
	Gen. Sg. m/f	dritte Dekl.	patris	pater, tris m
	Nom. Sg. f	dritte Dekl.	sitis	sitis, -is f
-ō	Dat./Abl. Sg. m	o-Dekl.	populō	populus, -ī m
	Nom. Sg. m/f	dritte Dekl.	ōrdō	ōrdō, -inis m
-us/ -ūs	Nom. Sg. m	o-Dekl.	servus	servus, -ī m
	Dat./Abl. Pl. m/f/n	dritte Dekl.	dent**ib**us	dēns, dentis m
	Nom. Sg. m/f	u-Dekl.	senatūs	senatus, -ūs m
	Gen. Sg. m/f/n	u-Dekl.	manus	manus, -ūs f
	Nom./Akk. Pl. m/f	u-Dekl.	porticūs	porticus, -ūs f
-um	Nom./Akk. Sg. n	o-Dekl.	templum	templum, -ī n
	Akk. Sg. m	o-Dekl.	puerum	puer, -ī m
	Gen. Pl. m/n	o-Dekl.	hort**ō**rum	hortus, -ī m
	Gen. Pl. f	ā-Dekl.	amīc**ā**rum	amīca, -ae f
	Gen. Pl. m/f/n	dritte Dekl.	cīvitātum	cīvitās, -ātis f

Lerne zum Nominativ immer auch den Genitiv dazu, dann kannst du den richtigen Fall schneller erkennen!

2 Adjektive

Die erste und zweite Deklination

Die Adjektive der ersten und zweiten Deklination enden auf ***-us, -a, -um*** oder ***-er, -(e)ra, -(e)rum.***

bonus, -a, -um (gut) · liber, -era, -erum (frei)

		m	f	n
Sg.	**Nom.**	bon **us**	bon **a**	bon **um**
	Gen.	bon **ī**	bon **ae**	bon **ī**
	Dat.	bon **ō**	bon **ae**	bon **ō**
	Akk.	bon **um**	bon **am**	bon **um**
	Abl.	bon **ō**	bon **ā**	bon **ō**
Pl.	**Nom.**	bon **ī**	bon **ae**	bon **a**
	Gen.	bon **ōrum**	bon **ārum**	bon **ōrum**
	Dat.	bon **īs**	bon **īs**	bon **īs**
	Akk.	bon **ōs**	bon **ās**	bon **a**
	Abl.	bon **īs**	bon **īs**	bon **īs**

Aufgepasst: Bei einigen Adjektiven auf *-er* **entfällt das *-e-*** im Wortstock (dem unveränderlichen Wortbestandteil):

nox ni**gr**a (schwarze Nacht) · aedificia cre**br**a (zahlreiche Gebäude)

ater, -tra, -trum – schwarz, finster
creber, -bra, -brum – zahlreich
niger, -gra, -grum – schwarz
pulcher, -chra, -chrum – schön

Die dritte Deklination

Die Konsonantenstämme

Die Konsonantenstämme haben
- im **Ablativ Singular** *-e*,
- im **Genitiv Plural** *-um* und
- im **Nominativ** und **Akkusativ Plural Neutrum** *-a*.

vetus (alt)
veter**e**
veter**um**
veter**a**

		m	f	n
Sg.	**Nom.**		vetus	
	Gen.		veter**is**	
	Dat.		veter**ī**	
	Akk.	veter**em**	veter**em**	vetus
	Abl.		veter**e**	
Pl.	**Nom.**	veter**ēs**	veter**ēs**	veter**a**
	Gen.		veter**um**	
	Dat.		veter**ibus**	
	Akk.	veter**ēs**	veter**ēs**	veter**a**
	Abl.		veter**ibus**	

Die Adjektive dieser Deklination sind **einendig,** das heißt, sie haben im Nominativ Singular Maskulinum, Femininum und Neutrum die gleiche Form.
Dazu gehören:

mulier div**es** (eine reiche Frau) · vīnum vet**us** (alter Wein)

particeps, -ipis – teilnehmend
prīnceps, -ipis – der Erste
dīves, -itis – reich
pauper, -eris – arm

Der Komparativ

Der Komparativ (↑ S. 18) ist **zweiendig:** Nominativ Singular Maskulinum und Femininum sind gleich, der Nominativ Singular Neutrum hat eine eigene Endung.

alt**ior, -ius** [*von* altus] (höher) · felic**ior, -ius** [*von* felix] (glücklicher)

		m	f	n
Sg.	**Nom.**	altior	altior	alti**us**
	Gen.		altiōr**is**	
	Dat.		altiōr**ī**	
	Akk.	altiōr**em**	altiōr**em**	alti**us**
	Abl.		altiōr**e**	
Pl.	**Nom.**	altiōr**ēs**	altiōr**ēs**	altiōr**a**
	Gen.		altiōr**um**	
	Dat.		altiōr**ibus**	
	Akk.	altiōr**ēs**	altiōr**ēs**	altiōr**a**
	Abl.		altiōr**ibus**	

Die i-Stämme

Die i-Stämme haben
- im **Ablativ** Singular ***-ī,***
- im **Genitiv Plural** ***-ium,***
- im **Nominativ** und **Akkusativ Plural Neutrum** ***-ia.***

ācer (scharf)
ācr**ī**
ācr**ium**
ācr**ia**

Zu den i-Stämmen gehören **dreiendige Adjektive** (jedes Genus: eigene Form) (1), **zweiendige Adjektive** (Mask. und Fem.: gleiche Form) (2) und **einendige Adjektive** (alle drei Genera: gleiche Form) (3) sowie das einendige **Partizip Präsens Aktiv** (4).

(1) celer, celer**is,** celer**e** (schnell)
(2) brevis, brev**is,** brev**e** (kurz)
(3) fēl**īx** (glücklich)
(4) laud**ans** (lobend)

		m	f	n
Sg.	Nom.	ācer	ācr**is**	ācr**e**
	Gen.		ācr**is**	
	Dat.		ācr**ī**	
	Akk.	ācr**em**	ācr**em**	ācr**e**
	Abl.		ācr**ī**	
Pl.	Nom.	ācr**ēs**	ācr**ēs**	ācr**ia**
	Gen.		ācr**ium**	
	Dat.		ācr**ibus**	
	Akk.	ācr**ēs**	ācr**ēs**	ācr**ia**
	Abl.		ācr**ibus**	

Das Partizip Präsens Aktiv

- Wenn das Partizip Präsens Aktiv (PPA) **substantivisch** verwendet wird, lautet der **Ablativ Singular** auf ***-e,***
- wird Partizip Präsens Aktiv **adjektivisch** gebraucht, lautet der Ablativ Singular auf ***-ī!***

substantivisch:
a sapient**e** (von einem Weisen)
adjektivisch:
sapient**ī** consilio (mit weisem Rat)

		m	f	n
Sg.	Nom.		vocān**s**	
	Gen.		vocant**is**	
	Dat.		vocant**ī**	
	Akk.	vocant**em**	vocant**em**	vocān**s**
	Abl.		vocant**e** **(-ī)**	
Pl.	Nom.	vocant**ēs**	vocant**ēs**	vocant**ia**
	Gen.		vocant**ium**	
	Dat.		vocant**ibus**	
	Akk.	vocant**ēs**	vocant**ēs**	vocant**ia**
	Abl.		vocant**ibus**	

Die Steigerung der Adjektive

Bei der Steigerung (Komparation) unterscheidet man:
- **Positiv** – Grundstufe (schnell),
- **Komparativ** – Vergleichsstufe (schneller),
- **Superlativ** – Höchststufe (am schnellsten).

Die Superlativform kann auch einen hohen Grad bezeichnen (sehr schnell, blitzschnell). Diese Form heißt **Elativ.**

Der Komparativ

Man bildet den Komparativ, indem man an den Wortstock (den unveränderlichen Wortbestandteil) die Endung ***-ior*** (m/f) oder ***-ius*** (n) anfügt. Das dazugehörige Deklinationsschema findest du auf S. 16.

longus (lang)	→	long**ior,** long**ius**
ācer (scharf)	→	ācr**ior,** ācr**ius**
fortis (tapfer)	→	fort**ior,** fort**ius**

Der Superlativ

Der Superlativ wird normalerweise gebildet, indem die Endung ***-(is)simus, -(is)sima, -(is)simum*** an den Wortstock angefügt wird:

Positiv	Komparativ	Superlativ
longus (lang)	longior	long**issim**us
brevis (kurz)	brevior	brev**issim**us
prūdēns (klug)	prūdentior	prūdent**issim**us

Bei zwei Adjektivgruppen wird die Endung an den Auslaut des Adjektivs angeglichen (Assimilation):

Die **Adjektive auf *-er*** fügen an den Nom. Sg. m ***-rimus, -rima, -rimum*** an, die auf ***-lis*** haben ***-limus, -lima, -limum:***

pulcher (schön)	pulchrior	pulcher**rim**us
difficilis (schwierig)	difficilior	difficil**lim**us
(dis)similis ([un]ähnlich)	(dis)similior	(dis)simil**lim**us

Unregelmäßige Komparation

Einige Adjektive leiten ihre Steigerungsformen von verschiedenen Stämmen ab:

Positiv	Komparativ	Superlativ
bonus (gut)	melior, melius	optimus
malus (schlecht)	peior, peius	pessimus
māgnus (groß)	māior, māius	māximus
parvus (klein)	minor, minus	minimus
multī (viele)	(com-)plūrēs, -a	plūrimī

Unregelmäßigkeiten zeigen auch diese Adjektive:

vetus (alt)	vetustior	veterrimus
dīves (reich)	dīvitior	dīvitissimus
ferus (wild)	ferōcior	ferōcissimus
magnificus (großartig)	magnificentior	magnificentissimus
idōneus (geeignet)	magis idōneus	māximē idōneus
necessārius (notwendig)	magis necessārius	māximē necessārius

Unvollständige Komparation

Einige Komparative und Superlative sind von Präpositionen (↑ S. 64 f.) abgeleitet. Zu diesen Steigerungsformen gibt es keinen Positiv:

Präp.	Komparativ	Superlativ
intrā	interior (der innere …)	intimus (der innerste …)
extrā	exterior (der äußere …)	extrēmus (der äußerste …)
īnfrā	īnferior (der untere …)	īnfimus/īmus (der unterste …)
suprā	superior (der obere …)	suprēmus/summus (der oberste …, höchste …)
post	posterior (der hintere …, spätere …)	postrēmus (der letzte …)
prae	prior (der frühere …)	prīmus (der vorderste …, erste …)
prope	propior (der nähere …)	proximus (der nächste …)
ultrā	ulterior (der jenseitige …)	ultimus (der entfernteste …)

3 Adverbien

Das Adverb ist eine nähere Bestimmung zu einem Verb: **Auf welche Weise** geschieht etwas?

Adjektiv: Rēx iūst**us est.** (Der König ist **gerecht**).
Adverb: Rēx iūst**ē regnat.** (Der König herrscht **gerecht**).

Bildung

Die Form des Adverbs ist **unveränderlich.** Es wird gebildet durch Anfügen von:

- ***-ē*** bei den Adjektiven der **o-Deklination** (1),
- ***-iter*** bei den Adjektiven der **konsonantischen Deklination** (2),
- ***-er*** bei den Adjektiven auf ***-āns, -antis*** und ***-ēns, -entis*** (3)

an den Wortstock.

(1) iūstus – iūst**ē** · pulcher – pulchr**ē**
(2) ācer – ācr**iter** · brevis – brev**iter** · fēlīx – fēlic**iter**
aber: audāx – audā**cter** · diffici-lis – diffic**ulter**
(3) cōnstāns – cōnstant**er**

Besonderheiten

Auf ***-ō*** statt *-ē* enden:

crēbrō – häufig
prīmō – zuerst
rārō – selten
citō – schnell
falsō – fälschlicherweise
postrēmō – schließlich
meritō – verdientermaßen
sērō – (zu) spät

Aufgepasst: vērus (wahr) bildet zwei verschiedene Adverbformen; ebenso *certus (sicher): certō (zuverlässig, genau), certē (sicherlich, wenigstens).*

vērē (wahrhaftig, wirklich) · vērō (aber, in der Tat)

Einige Adverbien stehen im Akkusativ Singular Neutrum des Adjektivs:

multum – viel · prīmum – zuerst · plūrimum – sehr viel · prius – früher · nimium – zu sehr · potius – eher · paulum – ein wenig · potissimum – am ehesten · parum – zu wenig · cēterum – übrigens

3

Steigerung

- Der **Komparativ** des Adverbs wird mit der Endung ***-ius*** gebildet.

iūst**ius** (auf gerechtere Weise, gerechter)

- Der **Superlativ** wird wie der Superlativ des Adjektivs (↑ S. 18 f.) gebildet und hat die Endung ***-ē***.

vēlōcissim**ē** (auf die schnellste Weise, am schnellsten)

Adjektiv	Adverb	Komparativ	Superlativ
molestus (lästig)	molestē	molestius	molestissimē
pulcher (schön)	pulchrē	pulchrius	pulcherrimē
celer (schnell)	celeriter	celerius	celerrimē
fēlīx (glücklich)	fēliciter	fēlicius	fēlicissimē

Unregelmäßig gesteigert werden die Adverbien zu *bonus* und *malus:*

Adjektiv	Adverb	Komparativ	Superlativ
bonus (gut)	bene	melius	optimē
malus (schlecht)	male	peius	pessimē

4 Pronomen

Pronomen können
- **ein Substantiv ersetzen** (1) (substantivische Verwendung) oder
- **ein Substantiv begleiten** (2) (adjektivische Verwendung).

(1) **ille** cantat (**jener** singt)
(2) **haec** puella cantat (**dieses** Mädchen singt)

Personalpronomen

Personalpronomen können **Personen und Dinge ersetzen.**

Titus Claudiam salutat. (Titus grüßt Claudia.) – Titus **eam** salutat. (Er grüßt **sie**.)

		1. Person		2. Person	
Sg.	**Nom.**	egō̆	ich	tū	du
	Gen.	meī	meiner	tuī	deiner
	Dat.	mihī̆	mir	tibī̆	dir
	Akk.	mē	mich	tē	dich
	Abl.	(ā) mē	(von) mir	(ā) tē	(von) dir
Pl.	**Nom.**	nōs	wir	vōs	ihr
	Gen.	nostrī	unser/	vestrī	euer/
		nostrum	von uns	vestrum	von euch
	Dat.	nōbīs	uns	vōbīs	euch
	Akk.	nōs	uns	vōs	euch
	Abl.	(ā) nōbīs	(von) uns	(ā) vōbīs	(von) euch

Aufgepasst: In der dritten Person gibt es reflexive (rückbezügliche) und nicht reflexive Pronomen. Das **Reflexivpronomen** steht, wenn sich das Personalpronomen auf das Subjekt des Satzes rückbezieht.

Se laudat. (Er lobt sich [selbst].)
aber: Eum laudat. (Er lobt ihn [jemand anderen].)

3. Person

		nicht reflexiv		reflexiv	
Sg.	**Nom.**	is/ea/id	er/sie/es	–	
	Gen.	eius	seiner/ihrer/seiner	suī	seiner/ihrer
	Dat.	eī	ihm/ihr/ihm	sibī	sich
	Akk.	eum/eam/id	ihn/sie/es	sē	sich
	Abl.	eō/eā/eō	(durch) ihn/sie/es	(ā) sē	(von) sich
Pl.	**Nom.**	iī (eī)/eae/ea	sie	–	
	Gen.	eōrum/eārum/ eōrum	ihrer	suī	ihrer
	Dat.	iīs (eīs)	ihnen	sibī	sich
	Akk.	eōs/eās/ea	sie	sē	sich
	Abl.	iīs (eīs)	(durch) sie	(ā) sē	(von) sich

Demonstrativpronomen

Demonstrativpronomen (↑ S. 24) **weisen auf etwas/jemanden hin.**
Demonstrativpronomen sind:
- ***is, ea, id*** *(dieser),*
- ***hic, haec, hoc*** *(dieser [hier]),*
- ***iste, ista, istud*** *(dieser [da])* (Deklination wie *ille*),
- ***ille, illa, illud*** *(jener [dort]),*
- ***īdem, eadem, idem*** *(derselbe),*
- ***ipse, ipsa, ipsum*** *(selbst).*

hoc constat (**diese** [folgende] Tatsache steht fest) · **illi** homines (**jene** Leute dort) · **idem** ac/atque (**derselbe** wie) · **Ipse** te exspectō. (**Ich persönlich** erwarte dich.)

Deklination der wichtigsten Demonstrativpronomen

hic, haec, hoc (dieser [hier])

	Singular			Plural		
Nom.	hic	haec	hoc	hī	hae	haec
Gen.		hu**ius**		hōrum	hārum	hōrum
Dat.		hu**ic**			hīs	
Akk.	hunc	hanc	hoc	hōs	hās	haec
Abl.	hōc	hāc	hōc		hīs	

ille, illa, illud (jener [dort])

	Singular			Plural		
Nom.	ille	illa	illu**d**	illī	illae	illa
Gen.		ill**īus**		illōrum	illārum	illōrum
Dat.		ill**ī**			illīs	
Akk.	illum	illam	illu**d**	illōs	illās	illa
Abl.	illō	illā	illō		illīs	

īdem, eadem, idem (derselbe)

	Singular			Plural		
Nom.	īdem	éadem	idem	idem	eaedem	éadem
Gen.		e**ius**dem		eōru**n**dem	eāru**n**dem	eōru**n**dem
Dat.		e**ī**dem			eīsdem (īsdem)	
Akk.	eu**n**dem	ea**n**dem	idem	eōsdem	eāsdem	éadem
Abl.	eōdem	eādem	eōdem		eīsdem (īsdem)	

ipse, ipsa, ipsum (selbst)

	Singular			Plural		
Nom.	ipse	ipsa	ipsum	ipsī	ipsae	ipsa
Gen.		ips**īus**		ipsōrum	ipsārum	ipsōrum
Dat.		ips**ī**			ipsīs	
Akk.	ipsum	ipsam	ipsum	ipsōs	ipsās	ipsa
Abl.	ipsō	ipsā	ipsō		ipsīs	

Possessivpronomen

Possessivpronomen **geben ein Besitzverhältnis** an. In Kasus, Numerus und Genus richten sie sich nach ihrem Bezugswort.

Meis oculis vidi. (Ich habe es mit **meinen eigenen** Augen gesehen.)

	Singular		Plural	
1. Ps.	meus, -a, -um	mein	noster, -tra, -trum	unser
2. Ps.	tuus, -a, -um	dein	vester, -tra, -trum	euer
3. Ps.	suus, -a, -um	sein/ihr	suus, -a, -um	sein/ihr

Aufgepasst: Das reflexive ***suus, -a, -um*** wird verwendet, wenn es sich auf das Subjekt des Satzes bezieht. Ist dies nicht der Fall, so steht der Genitiv der nicht reflexiven Personalpronomen ***eius*** und ***eorum/earum*** (↑ S. 23).

refl.: Gaius domum **suam** intrat. (Gaius betritt **sein** [**eigenes**] Haus.)
nicht refl.: G. domum **eius** intrat. (… **dessen** [**eines anderen**] Haus.)

Relativpronomen

Die Relativpronomen leiten einen Nebensatz ein. Sie richten sich in Numerus und Genus nach ihrem Bezugswort.

litterae, **quas** scripsisti (die Briefe, **die** du geschrieben hast)

	Singular			Plural		
Nom.	quī	quae	quod	quī	quae	quae
Gen.		cuius		quōrum	quārum	quōrum
Dat.		cui			quibus	
Akk.	quem	quam	quod	quōs	quās	quae
Abl.	quō	quā	quō		quibus	

Indefinitpronomen

Indefinitpronomen geben **Personen** oder **Dinge** an, die **nicht genauer bestimmt** sind.

aliquis vir ([irgend-]ein Mann)

aliquis (irgendeiner)

- ***Aliquis, aliquid*** *(irgendeiner, irgendetwas)* wird substantivisch verwendet,
- ***aliquī, aliqua, aliquod*** *(irgendein)* steht adjektivisch.

aliquis ex vobis (**jemand** von euch)
aliquod tempus (**irgendeine** Zeit)

	Singular (subst.)		Singular (adj.)		
Nom.	aliquis	aliquid	aliquī	aliqua	aliquod
Gen.	alicuius	alicuius reī		alicuius	
Dat.	alicui	alicui reī		alicui	
Akk.	aliquem	aliquid	aliquem	aliquam	aliquod
Abl.	aliquō	aliquā rē	aliquō	aliquā	aliquō

		Plural (adj.)	
Nom.	aliquī	aliquae	aliqua
Gen.	aliquōrum	aliquārum	aliquōrum
Dat.		aliquibus	
Akk.	aliquōs	aliquās	aliqua
Abl.		aliquibus	

Aufgepasst: Nach diesen Konjunktionen wird die Silbe *ali-* weggelassen: *sī (wenn), nisī (wenn nicht), nē (dass nicht), num (etwa).*
Das kannst du dir so merken:
Nach *sī, nisī, nē, num*
fällt das *ali-* um!

si quid vidisti (**wenn** du [irgend-] etwas gesehen hast)
Num quis divitior fuit quam Croesus? (Gab es **etwa** einen Reicheren als Krösus?)

quidam (ein gewisser, ein bestimmter)

■ ***Quīdam, quaedam, quiddam*** steht substantivisch,
■ ***quīdam, quaedam, quoddam*** wird adjektivisch gebraucht.

quidam narrant (**einige** berichten)

fuit **quoddam** tempus, cum ... (es gab **eine** [**bestimmte**] Zeit, als ...)

		Singular	
Nom.	quīdam	quaedam	quiddam/quoddam
Gen.		cuiusdam	
Dat.		cuidam	
Akk.	que**n**dam	qua**n**dam	quiddam/quoddam
Abl.	quōdam	quādam	quōdam
		Plural	
Nom.	quīdam	quaedam	quaedam
Gen.	quōru**n**dam	quāru**n**dam	quōru**n**dam
Dat.		quibusdam	
Akk.	quōsdam	quāsdam	quaedam
Abl.		quibusdam	

Weitere Indefinitpronomen

Wie *quis/quid* (↑ S. 29) oder *quī/quae/quod* (↑ S. 25) werden dekliniert:

substantivisch	adjektivisch	
quisquam, quicquam	ūllus, -a, -um (↑ S. 28)	irgendjemand, -etwas
quisque, quidque	quisque, quaeque, quodque	jeder einzelne
quīvīs, quaevīs, quidvīs	quīvīs, quaevīs, quodvīs	jeder beliebige

nemo, nihil, nullus (niemand, nichts, kein)

Nēmō** (niemand)* und ***nihil** (nichts)* [subst.] können nicht alle Kasus bilden. Als Ersatz wird das Pronominaladjektiv ***nūllus, nūlla, nūllum [adj.] *(kein)* verwendet.

nemo vestrum (**keiner** von euch)

A **nullo** superatus est. (Er wurde von **niemandem** besiegt.)

	substantivisch		adjektivisch		
	m/f	n	m	f	n
Nom.	nēmō	nihil	nūllus	nūlla	nūllum
Gen.	**nūllīus**	**nūllīus reī**		nūll**īus**	
Dat.	nēminī	**nūllī reī**		nūll**ī**	
Akk.	nēminem	nihil	nūllum	nūllam	nūllum
Abl.	**ā nūllō**	**nūllā rē**	nūllō	nūllā	nūllō

Pronominaladjektive

Pronominaladjektive können sowohl wie ein Pronomen eine Person vertreten als auch adjektivisch auftreten. Sie werden (außer *alius* ↑ S. 29) wie *nūllus* dekliniert.
Dazu gehören:

- ***ūnus, -a, -um*** *(einer),*
- ***(n)ūllus, -a, -um*** *([k]einer),*
- ***sōlus, -a, -um*** *(allein),*
- ***tōtus, -a, -um*** *(ganz),*
- ***alter, -era, -erum*** *(der eine/andere von beiden),*
- ***alius, alia, aliud*** *(ein anderer).*

per **totum** diem (den ganzen Tag lang) · Fidem **nullam** habeo. (Ich habe **überhaupt kein** Vertrauen.) · **Aliis alia** placent. (**Dem einen** gefällt **dies, dem anderen das.**)

Merke dir folgende Eselsbrücke: Diese Wörter haben alle *-īus* in dem zweiten Falle, und im Dativ enden sie alle auf ein langes *-ī*.

aedificia **totius** urbis (die Gebäude der **ganzen** Stadt) · mihi **soli** (mir **allein**)

alius, alia, aliud (ein anderer)

	Singular			Plural		
Nom.	alius	alia	aliu**d**	aliī	aliae	alia
Gen.		**alterīus**		aliōrum	aliārum	aliōrum
Dat.		ali**ī**			aliīs	
Akk.	alium	aliam	aliu**d**	aliōs	aliās	alia
Abl.	aliō	aliā	aliō		aliīs	

Interrogativpronomen

Zu den Interogativpronomen gehören:

- ***quis?, quid?*** [subst.] *(wer?, was?)*,
- ***qui?, quae?, quod?*** [adj.] *(welcher?)* (Deklination ↑ S. 25),
- ***uter?, utra?, utrum?*** *(wer von beiden?)* [subst. und adj.]; Genitiv *utrīus*, Dativ *utrī*.

Quid faciam? (**Was** soll ich tun?) · **quo** modo? (auf **welche** Weise, wie?) · **Uter** consul? (**Welcher der beiden** Konsuln?)

	substantivisch m/f	n
Nom.	quis	quid
Gen.	cuius	cuius
Dat.	cui	cui
Akk.	quem	quid
Abl.	quō	quō

5 Verben

Ein Verb wird bestimmt durch:	laudābantur (sie wurden gelobt):
■ die **Person:** 1., 2. oder 3. Person;	3. Person
■ den **Numerus:** Singular oder Plural;	Plural
■ den **Modus:** Indikativ, Konjunktiv oder Imperativ;	Indikativ
■ das **Tempus:** Präsens, Imperfekt, Futur I, Perfekt, Plusquamperfekt, Futur II;	Imperfekt
■ das **Genus verbi:** Aktiv oder Passiv.	Passiv
Verbformen, die durch diese fünf Merkmale bestimmt sind, heißen **finite Formen** oder **Personalformen.**	laudābant, laudātī essent
Verbformen, die nicht durch eine Person bestimmt sind, nennt man **infinite Formen** oder **Nominalformen.** Dazu gehören	
■ die Infinitive,	laudāre
■ das Gerundium,	laudandī
■ das Gerundivum und	laudandum est
■ die Partizipien.	laudāns · laudātus

Die Formveränderung (Flexion) eines Verbs heißt **Konjugation**, den entsprechenden Vorgang nennt man konjungieren.
Es gibt **fünf** Konjugationen:

- die **ā**-Konjugation, laudāre (loben)
- die **ē**-Konjugation, monēre (mahnen)
- die **konsonantische** Konjugation, tegere (bedecken)
- die **kurzvokalische** i-Konjugation, capere (fangen)
- die **langvokalische** ī-Konjugation. audīre (hören)

Man unterscheidet **drei Stämme** eines Verbs:

- den **Präsensstamm,**
- den **Perfektstamm** und
- den **Partizipialstamm.**

Von diesen drei Stämmen werden alle Verbformen gebildet.

Konjugation	**Präsens-stamm**	**Perfekt-stamm**	**Partizipial-stamm**
	1. Pers. Sg. Präs. Akt.	1. Pers. Sg. Perf. Akt.	Partizip Perfekt Passiv (PPP)
ā-	laud-ō	laudāv-ī	laudāt-um
ē-	mone-ō	monu-ī	monit-um
kons.	teg-ō	tēx-ī	tēct-um
kurzvok. i-	capi-ō	cēp-ī	capt-um
langvok. ī-	audi-ō	audīv-ī	audīt-um

Lerne die unregelmäßigen **Stammformen** auswendig, um dir die richtige Verbform zu erschließen.

Personalformen – Präsensstamm

Mit dem Präsensstamm bildet man das **Präsens,** das **Imperfekt,** das **Futur I** und den **Imperativ.**
Im Präsensstamm werden sowohl im Indikativ als auch im Konjunktiv aller Zeiten an den Wortstamm folgende **Personalendungen** angehängt:

Aktiv	**1. Person**	**2. Person**	**3. Person**
Singular	-o/-m	-s	-t
Plural	-mus	-tis	-nt
Passiv	**1. Person**	**2. Person**	**3. Person**
Singular	-or/-r	-ris	-tur
Plural	-mur	-minī	-ntur

Präsens

Im Präsens (Gegenwart) lauten die Formen des **Indikativs:**

laud-**ō** (ich lobe) · laud-**or** (ich werde gelobt)

	ā-Konjugation	**ē-Konjugation**
Aktiv	laud-**ō**	mone-**ō**
	laudā-**s**	monē-**s**
	lauda-**t**	mone-**t**
	laudā-**mus**	monē-**mus**
	laudā-**tis**	monē-**tis**
	lauda-**nt**	mone-**nt**
Passiv	laud-**or**	mone-**or**
	laudā-**ris/**-re	monē-**ris/**-re
	laudā-**tur**	monē-**tur**
	laudā-**mur**	monē-**mur**
	laudā-**minī**	monē-**minī**
	lauda-**ntur**	mone-**ntur**

	konsonantische Konjugation	kurzvokalische i-Konjugation	langvokalische ī-Konjugation
Aktiv	teg-**ō**	capi-**ō**	audi-**ō**
	teg-**i-s**	capi-**s**	audī-**s**
	teg-**i-t**	capi-**t**	audi-**t**
	teg-**i-mus**	capi-**mus**	audī-**mus**
	teg-**i-tis**	capi-**tis**	audī-**tis**
	teg-**u-nt**	capi-**u-nt**	audi-**u-nt**
Passiv	teg-**or**	capi-**or**	audi-**or**
	teg-**e-ris**/-re	cape-**ris**	audī-**ris**
	teg-**i-tur**	capi-**tur**	audī-**tur**
	teg-**i-mur**	capi-**mur**	audī-**mur**
	teg-**i-minī**	capi-**minī**	audī-**minī**
	teg-**u-ntur**	capi-**u-ntur**	audi-**u-ntur**

Im **Konjunktiv** steht normalerweise das Bildungselement ***-a-*** (Präsensstamm, Moduszeichen *-a-* und Personalendung).
In der ā-Konjugation findet ein Vokalwechsel von *-a-* nach *-e-* statt.

mone-**a-r**
(ich möge gemahnt werden) ·

laude-**m**
(ich möge loben)

Aktiv	laude-**m**	mone-**a-m**	teg-**a-m**
	laudē-**s**	mone-**ā-s**	teg-**ā-s**
	laude-**t**	mone-**a-t**	teg-**a-t**
	laudē-**mus**	mone-**ā-mus**	teg-**ā-mus**
	laudē-**tis**	mone-**ā-tis**	teg-**ā-tis**
	laude-**nt**	mone-**a-nt**	teg-**a-nt**
Passiv	laude-**r**	mone-**a-r**	teg-**a-r**
	laudē-**ris**	mone-**ā-ris**	teg-**ā-ris**
	laudē-**tur**	mone-**ā-tur**	teg-**ā-tur**
	laudē-**mur**	mone-**ā-mur**	teg-**ā-mur**
	laudē-**minī**	mone-**ā-minī**	teg-**ā-minī**
	laude-**ntur**	mone-**a-ntur**	teg-**a-ntur**

Präsens

Die Formen der kurzvokalischen und langvokalischen ī-Konjugation lauten entsprechend.

Aktiv: capi-**a-m** · audi-**a-m**
Passiv: capi-**a-r** · audi-**a-r**

Imperfekt

Das Imperfekt (im Deutschen: Präteritum) hat im **Indikativ** das Kennzeichen ***-bā-*.** In der konsonantischen Konjugation, in der kurzvokalischen und langvokalischen ī-Konjugation tritt ein Bindevokal ***-ē-*** hinzu.

laudā-**ba-m** (ich lobte) · teg-**ē-ba-r** (ich wurde bedeckt)

Aktiv	Passiv	Aktiv	Passiv
laudā-**ba-m**	laudā-**ba-r**	teg-**ē-ba-m**	teg-**ē-ba-r**
laudā-**bā-s**	laudā-**bā-ris**	teg-**ē-bā-s**	teg-**ē-bā-ris**
laudā-**ba-t**	laudā-**bā-tur**	teg-**ē-ba-t**	teg-**ē-bā-tur**
laudā-**bā-mus**	laudā-**bā-mur**	teg-**ē-bā-mus**	teg-**ē-bā-mur**
laudā-**bā-tis**	laudā-**bā-minī**	teg-**ē-bā-tis**	teg-**ē-bā-minī**
laudā-**ba-nt**	laudā-**ba-ntur**	teg-**ē-ba-nt**	teg-**ē-ba-ntur**

Die Formen des **Konjunktivs** Imperfekt setzen sich aus dem Präsensstamm, der Signalsilbe ***-rē-*** und der Personalendung zusammen.

laudā-**re-m** (ich würde loben) · teg-e-**re-r** (ich würde bedeckt)

Aktiv	Passiv	Aktiv	Passiv
laudā-**re-m**	laudā-**re-r**	teg-e-**re-m**	teg-e-**re-r**
laudā-**rē-s**	laudā-**rē-ris**	teg-e-**rē-s**	teg-e-**rē-ris**
laudā-**re-t**	laudā-**rē-tur**	teg-e-**re-t**	teg-e-**rē-tur**
usw.	usw.	usw.	usw.

Die Formen der ē-Konjugation, der kurzvokalischen und der langvokalischen ī-Konjugation werden ebenso gebildet.

Aktiv: monē-**re-m** · cape-**re-m** · audī-**re-m**
Passiv: monē-**re-r** · cape-**re-r** · audī-**re-r**

Das Futur

Im Futur (Zukunft) lautet das Signal für die ā- und ē-Konjugation ***-b-***. In den übrigen Konjugationen steht ***-ē-***. *Aufgepasst:* In der 1. Person Singular steht ***-a-***.

laudā-**b-ō** (ich werde loben) · capi-**a-r** (ich werde gefasst werden)

Aktiv	Passiv	Aktiv	Passiv
laudā-**b-ō**	laudā-**b-or**	capi-**a-m**	capi-**a-r**
laudā-**b-i-s**	laudā-**b-e-ris**/-re	capi-**ē-s**	capi-**ē-ris**/-re
laudā-**b-i-t**	laudā-**b-i-tur**	capi-**e-t**	capi-**ē-tur**
laudā-**b-i-mus**	laudā-**b-i-mur**	capi-**ē-mus**	capi-**ē-mur**
laudā-**b-i-tis**	laudā-**b-i-minī**	capi-**ē-tis**	capi-**ē-minī**
laudā-**b-u-nt**	laudā-**b-u-ntur**	capi-**e-nt**	capi-**e-ntur**

Die Formen der anderen Konjugationen werden entsprechend gebildet.

Aktiv: monē-**b-ō** · audi-**e-nt**
Passiv: monē-**bi-tur** · audi-**e-ntur**

Aktiv	Passiv	Aktiv	Passiv
monē-**b-ō**	monē-**b-or**	audi-**a-m**	audi-**a-r**
monē-**b-i-s**	monē-**b-e-ris**	audi-**ē-s**	audi-**ē-ris**
monē-**b-i-t**	monē-**b-i-tur**	audi-**e-t**	audi-**ē-tur**
monē-**b-i-mus**	monē-**b-i-mur**	audi-**ē-mus**	audi-**ē-mur**
mone-**b-i-tis**	monē-**b-i-minī**	audi-**ē-tis**	audi-**ē-minī**
monē-**b-u-nt**	monē-**b-u-ntur**	audi-**e-nt**	audi-**ē-ntur**

Imperativ

Im Lateinischen gibt es zwei Befehlsformen, den Imperativ I und den Imperativ II.

laudā! (lobe!) · laudāte! (lobt!) · laudātō! (du sollst/er soll loben!)

	Imp. I				
Sg.	laudā!	monē!	tege!	cape!	audī!
Pl.	laudā-te!	monē-te!	teg-ite!	capi-te!	audī-te!
	Imp. II				
2./3. Sg.	laudā-tō!	monē-tō!	teg-itō!	capi-tō!	audī-to!
2. Pl.	laudā-tōte!	monē-tōte!	teg-itōte!	capi-tōte!	audī-tōte!
3. Pl.	lauda-ntō!	mone-ntō!	teg-untō!	capi-untō!	audi-untō!

Personalformen – Perfektstamm

Mit dem Perfektstamm werden die **Aktivformen** von **Perfekt, Plusquamperfekt** und **Futur II** gebildet.
An diesen Stamm werden die unten stehenden **Personalendungen** angehängt:

Perfekt: laudāv-**ī** (ich habe gelobt) *Plusquamperfekt:* laudāv-**eram** (ich hatte gelobt) *Futur II:* laudāv-**erō** (ich werde gelobt haben)

Perfekt

Indikativ		Konjunktiv	
laudāv-**ī**	cēp-**ī**	laudāv-**erim**	cēp-**erim**
laudāv-**istī**	cēp-**istī**	laudāv-**eris**	cēp-**eris**
laudāv-**it**	cēp-**it**	laudāv-**erit**	cēp-**erit**
laudāv-**imus**	cēp-**imus**	laudāv-**erimus**	cēp-**erimus**
laudāv-**istis**	cēp-**istis**	laudāv-**eritis**	cēp-**eritis**
laudāv-**ērunt**	cēp-**ērunt**	laudāv-**erint**	cēp-**erint**

Die Formen der übrigen Konjugationen werden gebildet, indem an den jeweiligen Perfektstamm die entsprechenden Personalendungen treten.

monu-**imus** (wir haben gemahnt) · tēx-**ērunt** (sie haben bedeckt) · audīv-**erit** (er möge gehört haben)

Plusquamperfekt

Indikativ		Konjunktiv	
laudāv-**eram**	cēp-**eram**	laudāv-**issem**	cēp-**issem**
laudāv-**erās**	cēp-**erās**	laudāv-**issēs**	cēp-**issēs**
laudāv-**erat**	cēp-**erat**	laudāv-**isset**	cēp-**isset**
laudāv-**erāmus**	cēp-**erāmus**	laudāv-**issēmus**	cēp-**issēmus**
laudāv-**erātis**	cēp-**erātis**	laudāv-**issētis**	cēp-**issētis**
laudāv-**erant**	cēp-**erant**	laudāv-**issent**	cēp-**issent**

Futur II

laudāv-**erō**	cēp-**erō**
laudāv-**eris**	cēp-**eris**
laudāv-**erit**	cēp-**erit**
laudāv-**erimus**	cēp-**erimus**
laudāv-**eritis**	cēp-**eritis**
laudāv-**erint**	cēp-**erint**

Das Futur II wird meist mit Präsens oder Perfekt ins Deutsche übersetzt.
Aufgepasst: Die Formen des Futur II unterscheiden sich vom Perfekt Konjunktiv nur in der 1. Person Singular:
- Futur II: *-erō* (1),
- Perfekt Konjunktiv: *-erim* (2).

(1) laudāv-**erō** (ich werde gelobt haben)
(2) laudāv-**erim** (ich möge gelobt haben)

Personalformen – Partizipialstamm

Mit dem Partizipialstamm werden das **Partizip Perfekt Passiv (PPP)** und die **Passivformen** von **Perfekt, Plusquamperfekt** und **Futur II** gebildet. Dazu braucht man das PPP und die konjugierten Formen von *esse* (↑ S. 44).

Perfekt Passiv

Es wird gebildet mit dem PPP + Präsens von *esse*.

laudā-**tus sum/ sim** (ich bin gelobt worden/ich möge gelobt worden sein)

Indikativ		Konjunktiv	
laudā-**tus, -a, -um**	**sum** / **es** / **est**	laudā-**tus, -a, -um**	**sim** / **sīs** / **sit**
laudā-**tī, -ae, -a**	**sumus** / **estis** / **sunt**	laudā-**tī, -ae, -a**	**sīmus** / **sitis** / **sint**
cap-**tus, -a, -um**	**sum** / **es** / **est**	cap-**tus, -a, -um**	**sim** / **sīs** / **sit**
cap-**tī, -ae, -a**	**sumus** / **estis** / **sunt**	cap-**tī, -ae, -a**	**sīmus** / **sitis** / **sint**

Die Formen der übrigen Konjugationen werden entsprechend gebildet.

moni-**tus sum** · tēc-**tus sum**

Plusquamperfekt Passiv

Es wird gebildet mit dem PPP + Imperfekt von *esse*.

laudā-**tus eram** (ich war gelobt worden)
laudā-**tus essem** (ich wäre gelobt worden)

Indikativ		Konjunktiv	
laudā-**tus, -a, -um**	**eram**	laudā-**tus, -a, -um**	**essem**
	erās		**essēs**
	erat		**esset**
laudā-**tī, -ae, -a**	**erāmus**	laudā-**tī, -ae, -a**	**essēmus**
	erātis		**essētis**
	erant		**essent**
cap-**tus, -a, -um**	**eram**	cap-**tus, -a, -um**	**essem**
	erās		**essēs**
	erat		**esset**
cap-**tī, -ae, -a**	**erāmus**	cap-**tī, -ae, -a**	**essēmus**
	erātis		**essētis**
	erant		**essent**

Futur II Passiv

Es wird gebildet mit dem PPP + Futur von *esse*.

laudā-**tus erō** (ich werde gelobt worden sein)

laudā-**tus, -a, -um**	**erō**	cap-**tus, -a, -um**	**erō**
	eris		**eris**
	erit		**erit**
laudā-**tī, -ae, -a**	**erimus**	cap-**tī, -ae, -a**	**erimus**
	eritis		**eritis**
	erunt		**erunt**

Nominalformen

		ā-Konjugation	ē-Konjugation
Infinitiv Aktiv	Präsens	laudā-**re**	monē-**re**
	Perfekt	laudāv-**isse**	monu-**isse**
	Futur	laudā-**tūrum, -am, -um esse**	moni-**tūrum, -am, -um esse**
Infinitiv Passiv	Präsens	laudā-**rī**	monē-**rī**
	Perfekt	laudā-**tum, -am, -um esse**	moni-**tum, -am, -um esse**
	Futur	laudā-**tum īrī**	moni-**tum īrī**
Partizip Aktiv	Präsens	laudā-**ns, ntis**	monē-**ns, -ntis**
	Futur	laudā-**tūrus, -a, -um**	moni-**tūrus, -a, -um**
Partizip Passiv	Perfekt	laudā-**tus, -a, -um**	moni-**tus, -a, -um**
Gerundium		lauda-**nd-ī**	mone-**nd-ī**
		lauda-**nd-ō**	mone-**nd-ō**
		lauda-**nd-um**	mone-**nd-um**
		lauda-**nd-ō**	mone-**nd-ō**
Gerundivum		lauda-**nd-us, -a, -um**	mone-**nd-us, -a, -um**

konsonantische Konjugation	kurzvokalische i-Konjugation	langvokalische ī-Konjugation
teg-**e-re** tēx-**isse** tēc-**tūrum,** **-am, -um esse**	cape-**re** cēp-**isse** cap-**tūrum,** **-am, -um esse**	audī-**re** audīv-**isse** audī-**tūrum,** **-am, -um esse**
teg-**ī** tēc-**tum,** **-am, -um esse** tēc-**tum īrī**	cap-**ī** cap-**tum,** **-am, -um esse** cap-**tum īrī**	audī-**rī** audī-**tum,** **-am, -um esse** audī-**tum īrī**
teg-**ē-ns, -ntis** tēc-**tūrus,** **-a, -um**	capi-**ē-ns, -ntis** cap-**tūrus,** **-a, -um**	audi-**ē-ns, -ntis** audī-**tūrus,** **-a, -um**
tēc-**tus,** **-a, -um**	cap-**tus,** **-a, -um**	audī-**tus,** **-a, -um**
teg-**e-nd-ī** teg-**e-nd-ō** teg-**e-nd-um** teg-**e-nd-ō**	capi-**e-nd-ī** capi-**e-nd-ō** capi-**e-nd-um** capi-**e-nd-ō**	audi-**e-nd-ī** audi-**e-nd-ō** audi-**e-nd-um** audi-**e-nd-ō**
teg-**e-nd-us,** **-a, -um**	capi-**e-nd-us,** **-a, -um**	audi-**e-nd-us,** **-a, -um**

Deponenzien – Bildung und Formen

Deponenzien sind Verben, die **passive Formen,** aber eine **aktive Bedeutung** haben. Sie haben die Bedeutung des Passivs abgelegt *(deponere).*

Amīcum hort**or.** – Ich **ermahne** den Freund.
Amīcum hortā**tus sum.** – Ich **habe** den Freund **ermahnt.**
Amīcum hortā**rer.** – Ich **würde** den Freund **ermahnen.**

Als Konjugationsbeispiel findest du hier *hortārī (ermahnen)* aus der ā-Konjugation. Die Flexion der Deponenzien der anderen Konjugationen kannst du aus den Konjugationstabellen von Präsensstamm (↑ S. 32 ff.) und Partizipialstamm (↑ S. 38 f.) ableiten.

Die finiten Formen

Ind. Präs.	hort**or** hortā**ris** hortā**tur** usw.	**Konj. Präs.**	hort**er** hort**ēris** hort**ētur** usw.
Ind. Imperf.	hortā**bar** hortā**bāris** hortā**bātur** usw.	**Konj. Imperf.**	hortā**rer** hortā**rēris** hortā**rētur** usw.
Fut. I	hortā**bor** hortā**beris** hortā**bitur** usw.	**Fut. II**	hortāt**us erō** hortāt**us eris** hortāt**us erit** usw.
Ind. Perf.	hortāt**us sum** hortāt**us es** hortāt**us est** usw.	**Konj. Perf.**	hortāt**us sim** hortāt**us sīs** hortāt**us sit** usw.
Ind. Plusqu.	hortāt**us eram** hortāt**us erās** hortāt**us erat** usw.	**Konj. Plusqu.**	hortāt**us essem** hortāt**us essēs** hortāt**us esset** usw.
Imp. I	hortā**re**! hortā**minī**!	**Imp. II**	hortā**tor**! horta**ntor**!

Die infiniten Formen

Infinitiv	**Präsens**	hortā**rī**
	Perfekt	hortāt**um, -a, -um esse**
	Futur	hortat**ūrum, -a, -um esse**
Partizip	**Präsens**	hortā**ns, -ntis** usw.
	Perfekt	hortāt**us, -a, -um**
	Futur	hortāt**ūrus, -a, -um**
Gerundivum		horta**ndus, -a, -um**
Gerundium		horta**ndī** usw.

Das **Partizip Präsens,** das **Partizip Futur,** der **Infinitiv Futur** sowie das **Gerundium** existieren auch bei Deponenzien, obwohl dies eigentlich **aktivische Formen** sind.

amīcus hortā**ns** – der **ermahnende** Freund

Das **Gerundivum** (↑ S. 75 ff.) hat wie bei den normalen Verben **passive Bedeutung:**

Amīcus horta**ndus est.** – Der Freund **muss ermahnt werden.**

5

Semideponenzien

Einige Verben bilden nur einen Teil ihrer Formen passivisch. Sie heißen deshalb Semideponenzien.

Infinitiv	Präsens	Perfekt
audēre (wagen)	audeō	ausus sum
gaudēre (sich freuen)	gaudeō	gāvīsus sum
solēre (pflegen)	soleō	solitus sum
cōnfīdere (vertrauen)	cōnfīdō	cōnfīsus sum
revertī (zurückkehren)	revertor	revertī

aud**ēmus** – wir wagen

revert**itur** – er kehrt zurück

aus**ī sumus** – wir haben gewagt

revert**it** – er ist zurückgekehrt

Unregelmäßige Verben

esse (sein)				
Ind. Präs.	**Konj. Präs.**	**Ind. Imperf.**	**Konj. Imperf.**	**Fut. I**
sum	sim	eram	essem	erō
es	sīs	erās	essēs	eris
est	sit	erat	esset	erit
sumus	sīmus	erāmus	essēmus	erimus
estis	sītis	erātis	essētis	eritis
sunt	sint	erant	essent	erunt
Ind. Perf.	**Konj. Perf.**	**Ind. Plusqu.**	**Konj. Plusqu.**	**Fut. II**
fuī	fuerim	fueram	fuissem	fuerō
fuistī	fueris	fuerās	fuissēs	fueris
fuit	fuerit	fuerat	fuisset	fuerit
fuimus	fuerimus	fuerāmus	fuissēmus	fuerimus
fuistis	fueritis	fuerātis	fuissētis	fueritis
fuērunt	fuerint	fuerant	fuissent	fuerint
Imp. I	**Imp. II**	**Inf. Perf.**	**Part. Perf.**	
es!	estō!	fuisse	–	
este!	estō!			
	estōte!	**Inf. Fut.**	**Part. Fut.**	
	suntō!	futūrum esse	futūrus, -a, -um	

Von *esse (sum, fuī)* werden mit Präpositionen zusammengesetzte Verben gebildet. Diese zusammengesetzten Verben nennt man **Komposita.**

abesse (abwesend sein)	absum	āfuī
adesse (anwesend sein)	adsum	affuī/adfuī
deesse (fehlen)		dēsum dēfuī
interesse (teilnehmen)	intersum	interfuī
obesse (schaden)	obsum	offuī/obfuī
praeesse (an der Spitze stehen)	praesum	praefuī
prō**d**esse (nützen)	prōsum	prōfuī
superesse (übrig sein)	supersum	superfuī

Aufgepasst: Bei *prōdesse* (Grundform *prod-*) bleibt vor einem Vokal das *-d-* erhalten, vor einem Konsonant entfällt es.

prō**d**-est, prō**d**-erat
aber: prō-sit, prō-fuit, prō-fuisset

ire (gehen)

Ind. Präs.		Konj. Präs.	Ind. Imperf.	Konj. Imperf.
eō	īmus	eam	ībam	īrem
īs	ītis	eās	ībās	īrēs
it	eunt	eat usw.	ībat usw.	īret usw.

Ind. Perf.		Konj. Perf.	Ind. Plusqu.	Konj. Plusqu.
iī	iimus	ierim	ieram	issem
īstī	īstis	ieris	ierās	issēs
iit	iērunt	ierit usw.	ierat usw.	isset usw.

Fut. I	Fut. II	Imp. I	Inf. Präs.
ībō	ierō	ī! īte!	īre
ībis	ieris	**Imp. II**	**Inf. Perf.**
ībit usw.	ierit usw.	ītō! ītōte! euntō!	īsse

Gerundium	Gerundivum	Part. Präs.	Inf. Fut.
eundī usw.	eundum (est)	iēns, euntis	itūrum esse

īre (gehen)

Von *īre (eō, iī, itūrum)* werden folgende **Komposita** gebildet:

abire (weggehen)	abeo	abiī	abitum
adīre (herangehen, angreifen)	adeō	adiī	aditum
coīre (zusammenkommen)	coeō	coiī	coitum
exīre (herausgehen)	exeō	exiī	exitum
inīre (hineingehen)	ineō	iniī	initum
interīre (zugrunde gehen)	intereō	interiī	–
obīre (entgegengehen)	obeō	obiī	obitum
perīre (zugrunde gehen)	pereō	periī	–
praeterīre (vorbeigehen)	praetereō	praeteriī	praeteritum
prōdīre (hervorgehen)	prōdeō	prodiī	prōditum
redīre (zurückgehen)	redeō	rediī	reditum
subīre (herangehen)	subeō	subiī	subitum
trānsīre (hinübergehen)	trānseō	trānsiī	trānsitum
vēnīre (verkauft werden)	vēneō	vēniī	–

posse (können)

Die Formen von *posse* sind entstanden aus dem Stamm *pot- (mächtig, imstande)* und Formen von *esse* (↑ S. 44).
Vor den Formen von *esse* steht bei *posse*

- vor einem Vokal *pot-*,
- vor einem Konsonanten steht jedoch *pos-!*

Das **Perfekt** bildet man mit *-u-*.

po**ss**um (ich kann) · po**te**ram (ich konnte) · po**ss**em (ich könnte) · po**tu**i (ich habe gekonnt)

velle (wollen), nōlle (nicht wollen), mālle (lieber wollen)	velle	nōlle	mālle
Ind. Präsens	volō vīs vult volumus vultis volunt	nōlō nōn vīs nōn vult nōlumus nōn vultis nōlunt	mālō māvīs māvult mālumus māvultis mālunt
Konj. Präsens	velim velīs velit usw.	nōlim nōlīs nōlit usw.	mālim mālīs mālit usw.
Ind. Imperfekt	volēbam volēbās volēbat usw.	nōlēbam nōlēbās nōlēbat usw.	mālēbam mālēbās mālēbat usw.
Konj. Imperfekt	vellem vellēs vellet usw.	nōllem nōllēs nōllet usw.	māllem māllēs māllet usw.
Futur I	volam volēs volet usw.	nōlam nōlēs nōlet usw.	mālam mālēs mālet usw.
Imperfekt	–	nōli! nōlite!	–
Part. Präs. Akt.	volēns, volentis	nōlēns, nōlentis	–
Ind. Perfekt	voluī voluistī voluit voluimus voluistis voluērunt	nōluī nōluistī nōluit nōluimus nōluistis nōluērunt	mālui māluistī māluit māluimus māluistis māluērunt

ferre (tragen), ferrī (getragen werden)				
	Aktiv		**Passiv**	
Ind. Präs.	ferō	ferimus	feror	ferimur
	fers	fertis	ferris	feriminī
	fert	ferunt	fertur	feruntur
Konj. Präs.	feram, ferās usw.		ferar, ferāris usw.	
Ind. Imperf.	ferēbam, ferēbās usw.		ferēbar, ferēbāris usw.	
Konj. Imperf.	ferrem, ferrēs usw.		ferrer, ferrēris usw.	
Fut. I	feram, ferēs usw.		ferar, ferēris usw.	
Imp. I	fer! ferte!		–	
Imp. II	fertō! fertōte! feruntō!		–	
Ind. Perf.	tulī, tulistī, tulit usw.		lātus, -a, -um sum, es, est usw.	

Komposita:

a**f**ferre (herbeibringen)	a**f**ferō	a**t**tulī	a**l**lātum
auferre (wegbringen)	**au**ferō	a**bs**tulī	a**b**lātum
circumferre (herumtragen)	circumferō	circumtulī	circumlātum
conferre (zusammentragen, vergleichen)	conferō	contulī	co**l**lātum
deferre (herabbringen, überbringen)	deferō	detulī	delātum
differre (aufschieben, verschieden sein)	differō	–	–
e**f**ferre (herausheben, bestatten)	e**f**ferō	e**x**tulī	ēlātum
īnferre (hineintragen, zufügen)	īnferō	intulī	illātum
offere (entgegenbringen)	o**f**ferō	o**b**tulī	o**b**lātum
perferre (ertragen)	perferō	pertulī	perlātum
praeferre (vorantragen, vorziehen)	praeferō	praetulī	praelātum
prōferre (vorzeigen)	prōferō	prōtulī	prōlātum
referre (zurückbringen, melden)	referō	re**t**tulī	relātum
trānsferre (hinüberbringen, übertragen)	trānsferō	trānstulī	trānslātum

fierī (werden, gemacht werden, geschehen)

Fierī (fiō, factus sum) dient als **Passiv zu *facere*.**

Ind. Präs.		Konj. Präs.	Ind. Perf.		Konj. Perf.	
fiō	fīmus	fiam	factus,	sum	factus,	sim
fīs	fītis	fiās	-a, -um	es	-a, -um	sīs
fit	fiunt	fiat usw.		est usw.		sit usw.

Ind. Imp.	Konj. Imp.	Ind. Plusqu.	Konj. Plusqu.
fiēbam	fierem	factus, -a, -um	factus, -a, -um
fiēbās usw.	fierēs usw.	eram usw.	essem usw.

Fut. I	Fut. II	Inf. Perf.	Inf. Fut.
fiam	factus, -a,	factum esse	factūrum
fiēs usw.	-um erō		esse = fore
	usw.		

Unvollständige Verben

Nur Perfektformen gibt es von:
- ***meminisse*** *(sich erinnern)* und
- ***ōdisse*** *(hassen).*

meminī (ich erinnere mich) · ōderam (ich hasste)

Die Perfektformen werden präsentisch übersetzt. Die Plusquamperfektformen werden mit dem deutschen Präteritum wiedergegeben.
Aufgepasst: Der **Imperativ** von *meminisse* lautet ***mementō!*** (Singular), ***mementōte!*** (Plural).

Mementō morī! (Denke daran, dass du sterben musst!)

6 Der einfache Satz

Subjekt und Prädikat

Der einfache Satz (das Satzgerüst) besteht aus Subjekt (Satzgegenstand) und Prädikat (Satzaussage).

Subjekt kann sein:
- ein Substantiv (1),
- ein Pronomen (2),
- ein Infinitiv (3),
- ein Nebensatz (4).

Häufig ist – abweichend vom Deutschen – das Subjekt schon in der finiten Verbform enthalten (5).

(1) **Puer** clamat. (**Der Junge** ruft.)
(2) **Ille** cantat. (**Jener** singt.)
(3) **Adiuvare** decet. (Es gehört sich **zu helfen.**)
(4) **Quid faciat,** ignotum est. (**Was er tut,** ist unbekannt.)
(5) Legi**mus.** (**Wir** lesen.)

Prädikat kann sein:
- ein Vollverb (1),
- ein Hilfsverb mit einem substantivischen (2) oder adjektivischen (3) **Prädikatsnomen.**

Das Prädikat stimmt in Kasus, Numerus und Genus so weit wie möglich mit dem Subjekt überein (**Kongruenz**).

(1) Amicus **venit.** (Der Freund **kommt.**)
(2) Marcus **faber est.** (Marcus **ist Handwerker.**)
(3) Domūs **altae sunt.** (Die Häuser **sind hoch.**)

Attribut, Adverb und Prädikativum

Als **Attribute** können Adjektive (1) oder Substantive (2) zu einem Nomen treten. Sie benennen eine Eigenschaft, die dem Nomen zugeschrieben wird, und stimmen in Kasus, Numerus und Genus mit diesem überein.

(1) amicus **laetus** (ein **fröhlicher** Freund)
(2) Augustus **imperator** (der **Kaiser** Augustus)

Das **Adverb** (↑ S. 20 f.) hat im Lateinischen eine eigene Form. Es beschreibt die Art und Weise, in der eine Handlung vor sich geht.

Discipulus **optime** didicit. (Der Schüler hat **äußerst gut** gelernt.)

Das **Prädikativum** stimmt wie ein Attribut in der Form mit dem Nomen überein. Es sagt etwas darüber aus, in welchem Zustand eine Person oder Sache eine Handlung vornimmt; es beschreibt also sowohl das dazugehörige Nomen als auch die im Prädikat genannte Handlung näher.

Liberi **laeti** cantant. (Die Kinder singen **fröhlich** [= als fröhliche].)

Ob es sich um ein Attribut oder ein Prädikativum handelt, geht meist aus dem Zusammenhang hervor. Übersetze sinngemäß:

Cicero **consul** orationem habuit.

Attribut: Der Konsul Cicero hielt eine Rede (und nicht der andere Konsul).
Prädikativum: Cicero hielt **als Konsul** eine Rede (und nicht, bevor er Konsul wurde).

6

7 Die Fälle

Der Genitiv

Der Genitiv bezeichnet die **Zugehörigkeit** zu einer Person oder Sache oder den **Bereich,** in dem sich eine Handlung abspielt. Man fragt nach ihm: **wessen?**

Der Genitivus subiectivus

Im Genitivus subiectivus steht die **Person, die etwas tut** oder **etwas empfindet.**

timor Roman**orum** (die Furcht **der** Römer)

Der Genitivus obiectivus

Der Genitivus obiectivus bezeichnet die **Person** oder **Sache, auf die sich eine Tätigkeit** oder **eine Empfindung richtet.**
Er steht bei folgenden **Adjektiven:**
- *studiosus (bemüht [um]),*
- *cupidus/avidus (begierig [nach]),*
- *(im)peritus ([un]erfahren [in]),*
- *(im)memor ([nicht] denkend [an]),*
- *particeps (teilhabend [an]),*
- *potens (mächtig),*
- *plenus (voll [von]).*

timor Roman**orum** (die Furcht **vor den** Römern) · spes victori**ae** (Hoffnung **auf den** Sieg) · studiosus litter**arum** (bemüht um die Wissenschaften) · cupidus pecuni**ae** (begierig nach Geld) · immemor benefici**i** (die Wohltat vergessend)

Der Genitivus possessivus

Der Genitivus possessivus bezeichnet ein **Eigentumsverhältnis** oder die **Zugehörigkeit** zu einer Person oder Sache. Er steht meist bei *esse*.

mos mai**orum** (Sitte der Vorfahren) · sapienti**ae** est (es ist Kennzeichen von Weisheit) · consul**is** est (es ist Aufgabe des Konsuls)

Im Gegensatz zum Dativus possessivus (↑ S. 56) betont er den Besitzer.

villa Claudi**i** est (Die Villa gehört Claudius [und nicht jemand anderem])

Der Genitivus partitivus

Der Genitivus partitivus bezeichnet ein Ganzes, von dem ein **Teil** angegeben ist.

pars homin**um** (ein Teil der Menschen) · magna copia frument**i** (eine große Menge an Getreide) · Quid nov**i?** (Was gibt es Neues?)

Der Genitivus qualitatis

Der Genitivus qualitatis gibt **Maß, Art, Beschaffenheit** und **wesentliche Eigenschaften** des dazugehörenden Substantivs an.
Aufgepasst: Ablativus qualitatis (↑ S. 61)

classis centum nav**ium** (eine Flotte von 100 Schiffen) · Vir magn**i** ingeni**i** est. (Der Mann ist sehr begabt.)

7

Der Genitivus pretii

Der Genitivus pretii bezeichnet den **Wert einer Sache.**
Er steht als allgemeine Wertangabe bei
- *facere/aestimare/ducere/putare (für wert halten),*
- *esse/fieri/habēri (wert sein),*
- den **Verben des Kaufens** *emere (kaufen)* und *vendere (verkaufen),*
- in **vergleichenden Wertangaben.**

Aufgepasst: Ablativus pretii (↑ S. 61)

domus parv**i** preti**i** (ein Haus von geringem Wert)

magni facere (hoch schätzen)

Haec res **plurimi** est. (Diese Sache ist sehr viel wert.)

Verum dicere pluris est quam mentiri. (Die Wahrheit sagen ist mehr wert als lügen.)

Der Genitiv bei Verben

Der Genitiv steht nach
- *meminisse/reminisci (sich erinnern)* und *oblivisci (vergessen),*

Memini **illius noctis.** (Ich erinnere mich an jene Nacht.)

- den **Verben der Gerichtssprache:** *arguere (beschuldigen), accusare (anklagen), convincere (überführen), damnare/condemnare (verurteilen), absolvere (freisprechen),*

aliquem absolvere **sceleris** (jemandem von einem Verbrechen freisprechen)

- **unpersönlichen Ausdrücken** wie *me piget/pudet/paenitet/taedet/miseret (mich ärgert/beschämt/reut/ekelt/erbarmt).*

Huius facti me paenituit. (Ich bereute diese Tat.)

Der Dativ

Der Dativ bezeichnet die Person oder Sache, der sich eine Handlung zuwendet. Man fragt nach ihm: **wem?, wofür?**

Der Dativ als Objekt

Verben, die ein Dativobjekt bei sich haben, sind:
- *studēre (sich bemühen um, sich befassen mit),*
- *persuadēre (überreden, überzeugen),*
- *invidēre (beneiden),*
- *nocēre (schaden),*
- *parcere (schonen),*
- *favēre (begünstigen).*

studere litter**is** (sich mit den Wissenschaften befassen) · **mihi** persuasisti. (Du hast mich überzeugt.) · ali**cui** nocere (jemandem schaden) · parcere subiect**is** (die Unterworfenen schonen)

Oft sind diese Verben intransitiv, d. h., sie ziehen kein Akkusativobjekt nach sich. Sie bilden daher kein persönliches Passiv, denn bei der Umwandlung vom Aktiv ins Passiv wird das Akkusativobjekt zum Subjekt des Satzes.

Fabulam narravit. (Er erzählte eine Geschichte.) – Fabula ab eo narrata est. (Die Geschichte ist von ihm erzählt worden.)

Bei diesen Verben jedoch wird das Dativobjekt beibehalten und das Prädikat in ein unpersönliches Passiv (3. Sg./Pl.) gesetzt.

Mihi persuasit. (Er hat mich überzeugt.) – Mihi persuasum est. (Ich bin überzeugt worden.)

Der Dativ als Objekt

Aufgepasst: Beachte die wechselnde Bedeutung je nach Fall.

aliquem **consulere** (jemanden befragen) · aliquid **providere** (etwas vorhersehen)
aber: alicui **consulere/providere** (für jemanden sorgen)

Der Dativus commodi

Der Dativus commodi gibt Auskunft über die **Person oder Sache,** zu deren **Gunsten oder Nachteil** etwas geschieht.

Non schol**ae,** sed vit**ae** discimus. (Nicht für die Schule, für das Leben lernen wir.)

Der Dativus auctoris

Der Dativus auctoris bezeichnet, insbesondere beim Gerundivum (↑ S. 75 f.), den **Urheber** oder **Verursacher** einer Handlung.

Liber **mihi** legendus est. (Das Buch muss von mir gelesen werden [= ich muss das Buch lesen].)

Der Dativus possessivus

Der Dativus possessivus bei *esse* gibt einen **Besitzer** an.

Patr**i** me**o** domus est. (Mein Vater besitzt ein Haus.)

Im Unterschied zum Genitivus possessivus (↑ S. 53) betont der Dativus possessivus den Besitz.

Vill**a** Claudi**o** est. (Claudius gehört eine Villa [nicht etwas anderes].)

Der Dativus finalis

Der Dativus finalis gibt den **Zweck (wozu?)** an. Er steht
- nach den Verben *venire (kommen), mittere (schicken), arcessere (herbeiholen), relinquere (zurücklassen)* (1) sowie
- bei *esse* in der Bedeutung *jemandem dienen, gereichen zu* und *dare/tribuere/vertere* in der Bedeutung *jemandem anrechnen, auslegen als* (2).

(1) auxili**o** venire (zu Hilfe kommen) · praesidi**o** relinquere (als Schutz zurücklassen)
(2) **usui** est (zum Nutzen gereichen/nützlich sein) · admiratio**ni esse** (zur Bewunderung gereichen/bewundert werden) · viti**o**/crimi**ni dare** (zum Vorwurf machen)

Der Akkusativ

Mit dem Akkusativ bezeichnet man das Ziel (Objekt) einer Handlung. Er gibt Auskunft bezüglich der Frage: **wen oder was?**

Der Akkusativ als Objekt

Verben, nach denen der Akkusativ folgt, nennt man **transitiv.** Er steht nach folgenden **Verben** und **unpersönlichen Ausdrücken:**
- *(ad)aequare (gleichkommen),*
- *iubēre (befehlen),*
- *(ad)iuvare (unterstützen),*
- *sequi (folgen).*

amic**os** adiuvare (den Freunden helfen) · leg**es** sequi (die Gesetze befolgen)

Der Akkusativ als Objekt

Der Akkusativ steht auch nach
- *cavēre (sich hüten [vor]),*
- *vetare (verbieten),*
- *(ef)fugere (fliehen [vor]),*
- *deficere (fehlen, mangeln),*
- *ulcisci ([sich] rächen [an/für]),*
- *fallit/fugit/praeterit (es entgeht),*
- *iuvat (es erfreut [jemanden]),*
- *(de)decet (es gehört sich [nicht]).*

fugere host**em** (vor dem Feind fliehen) · ulcisci iniuri**am** ([sich für] ein Unrecht rächen) · Recte fecisse **me** iuvat. (Es freut mich, das Richtige getan zu haben.) · Toga **eum** dedecet. (Die Toga gehört sich nicht für ihn.)

Der Objektsakkusativ steht auch nach **Verben der Gemütsbewegung:**
- *dolēre (Schmerz empfinden [über]),*
- *flēre ([be]weinen),*
- *maerēre (traurig sein [über]),*
- *ridēre (lachen [über]),*
- *queri (sich beklagen [über]),*
- *horrēre ([er]schaudern [vor]).*

dolere mort**em** (einen Todesfall beklagen) · iniuri**as** queri (sich über Unrecht beschweren) · aqu**am** frigid**am** horrere (vor kaltem Wasser erschaudern)

Der doppelte Akkusativ

Einige Verben erfordern einen zweiten Akkusativ. Der doppelte Akkusativ steht bei:
- *docēre ([jemanden etwas] lehren),*
- *celare ([jemandem etwas] verheimlichen),*
- *poscere/postulare ([von jemandem etwas] fordern).*

docēre ali**quem** lingu**am** (jemande**n** ein**e** Sprache lehren) · celare ali**quem** nunti**um** (jemande**m** ein**e** Nachricht verheimlichen)

Außerdem steht der doppelte Akkusativ bei:

- *habēre/ducere/arbitrari/existimare/iudicare/putare (halten [für]),*
- *dicere/nominare/appellare (nennen, bezeichnen [als]),*
- *facere/reddere (machen [zu]),*
- *creare (wählen [zu]),*
- *se praebēre/se praestare (sich zeigen, erweisen [als]),*
- *dare/tradere (geben [als]).*

ali**quem** stult**um** ducere (jemanden für dumm halten) · **se** pruden**tem** praestare (sich als klug erweisen) · facere ali**quem** ami**cum** (sich jemanden zum Freund machen) · Romani Cicero**nem** consul**em** creaverunt. (Die Römer wählten Cicero zum Konsul.)

Aufgepasst: Im Passiv wird aus dem doppelten Akkusativ ein doppelter Nominativ!

Cicero consul creatus est. (Cicero ist zum Konsul gewählt worden.)

Der Akkusativ der Richtung

Der Akkusativ der Richtung bezeichnet das **Ziel (wohin?).** Er steht bei:

- *advenire (ankommen),*
- *convenire (sich versammeln),*
- *concurrere (zusammenlaufen),*
- *cogere (versammeln),*
- *abdere (verbergen),*
- *nuntiare (melden).*

dom**um** ire (**nach** Hause gehen) · **in** urb**em** advenire (in der Stadt ankommen) · **in** for**um** cogere (auf dem Marktplatz versammeln) · **se in** silv**am** abdere (sich im Wald verstecken)

Im Deutschen fragt man: **wo?**
Bei Städtenamen und kleinen Inseln steht keine Präposition.

Rom**am** proficisci (**nach** Rom reisen)

Der Akkusativ der Ausdehnung

Der Akkusativ der Ausdehnung in Raum und Zeit beantwortet die Fragen: **wie hoch?, wie tief?, wie lang?, wie breit?, wie weit?, wie alt?, wie lange?**

decem ped**es** altus (zehn Fuß hoch) · di**es** noct**es**que iter facere (Tag und Nacht marschieren)

Der Ablativ

Der Ablativ drückt meist die **näheren Umstände** aus, unter denen eine Handlung stattfindet.

Der Ablativus instrumentalis

Der Ablativus instrumentalis bezeichnet das **Mittel, womit** oder **wodurch** etwas geschieht.

ped**ibus** ire (zu Fuß gehen) · curr**u** vehi (mit dem Wagen fahren)

Er steht auch bei den Deponenzien
- *ab-/uti (miss-/gebrauchen),*
- *fungi (verwalten),*
- *potiri (sich bemächtigen),*
- *niti (sich stützen auf),*
- *frui (genießen)*

sowie den Ausdrücken
- *opus esse ([etwas] nötig haben),*
- *[in]dignus ([un]würdig),*
- *cōnfīsus (vertrauend [auf]).*

exempl**o** uti (ein Beispiel verwenden) · mun**ere** fungi (ein Amt verwalten) · urb**e** potiri (die Stadt erobern) · vit**ā** frui (das Leben genießen)

Mihi pecuni**ā** opus est. (Ich brauche Geld.) · laud**e** dignus (lobenswert)

Der Ablativus modi

Der Ablativus modi drückt die **Art und Weise** aus, wie etwas geschieht. So auch in folgenden Wendungen:

iure – zu Recht	eodem modo – auf dieselbe Weise
iniuriā – zu Unrecht	hac ratione – auf folgende Weise
casu – zufällig	eā condicione – unter dieser Bedingung
vi – gewaltsam	eo consilio/eā mente – in dieser Absicht

Der Ablativus qualitatis

Der Ablativus qualitatis bezeichnet eine **Eigenschaft.**
Aufgepasst: Genitivus qualitatis (↑ S. 53)

vir magn**o** anim**o** (ein großherziger Mann/ein Mann von großzügigem Gemüt)

Der Ablativus pretii

Der Ablativus pretii gibt einen **Wert** oder **Preis** an und steht nach:

- *stare/constare (kosten),*
- *emere (kaufen),*
- *vendere (verkaufen),*
- *venire (verkauft werden).*

Aufgepasst: Genitivus pretii (↑ S. 54)

parvo constare (wenig kosten) · **magno** emere (teuer kaufen) · servos **minimo** vendere (Sklaven sehr billig verkaufen)

Der Ablativus mensurae

Der Ablativus mensurae gibt bei Vergleichen das **Maß des Unterschieds** an.

paulo praestare alicui (jemanden um wenig übertreffen)

Der Ablativus limitationis

Der Ablativus limitationis **grenzt etwas ein.** Er steht auf die Fragen: **in welcher Hinsicht?, worin?**

aliquem virtut**e** superare (jemanden an Tugend übertreffen) · deficere anim**o** (an Mut verlieren [= mutlos werden])

Der Ablativus causae

Der Ablativus causae gibt die **Ursache** an. Er steht vor allem bei den Verben der Gemütsbewegung:

- *gaudēre/laetari (sich freuen),*
- *dolēre (traurig sein),*
- *gloriari (sich einer Sache rühmen),*
- *irasci (zornig sein),*

und den entsprechenden Adjektiven

- *laetus (froh),*
- *maestus/tristis (traurig),*
- *superbus (stolz),*
- *fessus (müde).*

fabul**ā** gaudere (sich über die Geschichte freuen) · maestus mort**e** alicuius (traurig über den Tod jemandes) · fessus aetat**e** (altersschwach)

Aufgepasst: Oft hängt der Ablativus causae von einem PPP ab, das nicht übersetzt zu werden braucht.

amor**e** adductus (aus Liebe) · odi**o** permotus (aus Hass)

Der Ablativus comparationis

Der Ablativus comparationis benennt nach Komparativen den **Vergleichspunkt.**

maior frat**re** [= quam frater] (größer als der Bruder)

Der Ablativus separativus

Der Ablativus separativus (Ablativ der **Trennung**) steht nach

- *carēre/egēre (nicht haben, entbehren),*
- *privare/spoliare (berauben),*
- *liberare (befreien); liber (frei),*
- *vacare (frei sein); vacuus (frei),*
- *arcēre/prohibēre (abhalten),*
- *(se) abstinēre ([sich] enthalten),*
- *desistere (ablassen von).*

Diese Wörter können nicht nur mit bloßem Ablativ, sondern auch mit *a/ab* stehen!

egere consili**o** (eines Rats bedürfen/einen Rat brauchen) · privare sp**e** (der Hoffnung berauben) · Nemo cur**is** vacat/liber est. (Niemand ist frei von Sorgen.) · iniuri**ā** abstinere (kein Unrecht tun) · desistere (**ab**) incept**o** (von dem Vorhaben ablassen)

Der Ablativus loci

Der Ablativus loci steht bei einer **Ortsangabe** ohne Präposition auf die Frage: **wo?**
Beachte folgende alte Lokativformen: *Rom**ae** (in Rom), dom**i** (zu Hause), rur**i** (auf dem Land).*

tot**ā** urb**e** (in der ganzen Stadt) · terr**ā** mar**i**que (zu Wasser und zu Land)

Der Ablativus temporis

Der Ablativus temporis bestimmt einen **Zeitpunkt (wann?)** oder **Zeitraum (wie lange?).** Bei längeren Zeiträumen/Zuständen steht er mit *in (in bello – im Krieg).*

secund**o** bell**o** Punic**o** (im 2. Punischen Krieg) · pauc**is** di**ebus** (innerhalb weniger Tage)

Die Präpositionen

Präpositionen (Verhältniswörter) geben an, wie sich eine Sache oder Person zu einer anderen verhält. In Verbindung mit einem Substantiv (Präpositionalausdruck) erweitern sie einen Satz als adverbiale Bestimmung mit

- örtlicher (1),
- zeitlicher (2) oder
- übertragener (3) Bedeutung.

(1) per orbem terrarum (auf der ganzen Welt)
(2) per aliquot dies (einige Tage lang)
(3) per dolum (durch eine List)

Präpositionen mit Akkusativ

Folgende Präpositionen stehen mit dem Akkusativ:

- *ad ([bis] zu, an, bei),*
- *adversus (gegen, gegenüber),*
- *ante (vor),*
- *apud (bei),*
- *circa/circum (um ... herum, bei),*
- *contra ([feindlich] gegen, gegenüber),*
- *erga ([freundlich] gegen),*
- *extra (außer, außerhalb),*
- *infra (unterhalb),*
- *inter (zwischen, während, unter),*
- *intra (innerhalb, binnen),*
- *iuxta (neben, nahe bei),*
- *ob (gegen, wegen),*
- *per (durch, mittels),*
- *post (nach, hinter),*

pugna **ad** Cann**as** (die Schlacht bei Cannae)

circa for**um** (in der Umgebung des Forums)

inter cen**am** (während des Mahls)

ob eam caus**am** (aus diesem Grund)

- *praeter (vorbei an, außer),*
- *prope (nahe bei, um ... herum),*
- *propter (nahe bei, neben, wegen),*
- *secundum (längs, gemäß),*
- *supra (oberhalb, über ... hinaus),*
- *trans (über, hinüber, jenseits),*
- *ultra (über, darüber hinaus, jenseits).*

praeter un**um** omnes (alle außer einem Einzigen)

secundum leg**em** (gesetzesgemäß)

ultra mod**um** (über das Maß hinaus)

Präpositionen mit Ablativ

Diese Präpositionen ziehen einen Ablativ nach sich:

- *a/ab (von, von ... her, seit),*
- *cum (mit),*
- *de (von, von ... herab, über),*
- *e/ex (aus, aus ... heraus, seit),*
- *pro (vor, für, anstelle von),*
- *sine (ohne).*

ab urb**e** condit**ā** (seit Gründung der Stadt)

pro popul**o** Roman**o** (für das römische Volk)

Präpositionen mit Akkusativ und Ablativ

In und *sub* können sowohl mit **Akkusativ** (Frage: **wohin?**) als auch mit **Ablativ** (Frage: **wo?**) stehen:

- *in* + Akk. *(in, nach, gegen),*
- *in* + Abl. *(in, an, auf, bei),*
- *sub* + Akk. *(unter, unterhalb, bis an, bei),*
- *sub* + Abl. *(unter, unterhalb, bei).*

In hort**o** stat. (Er steht in **dem** Garten.)
In hort**um** properat. (Er eilt in **den** Garten.)

8 Erweiterte Satzkonstruktionen

Der Infinitv

Der Infinitiv kann wie ein Substantiv **als Subjekt** oder **als Objekt** verwendet werden:

- In (1) hat *domum abire* die Funktion des Objekts: *„Was will sie?"*.
- In (2) ist *domum abire* Subjekt: *„Was gefällt ihr?"*.

(1) Claudia **domum abire** vult. (Claudia will nach Hause gehen.)
(2) **Domum abire** ei placet. (Es gefällt ihr, nach Hause zu gehen.)

Der Infinitiv als Subjekt

Der Infinitiv als Subjekt kann stehen nach

- **unpersönlichen Ausdrücken** (1),
- einem **Adjektiv** oder **Substantiv** in Verbindung **mit *esse*** (2).

(1) **Praestat tacere** quam **clamare.** (Es ist besser zu schweigen als zu schreien.) · **Mihi videtur** tacere. (Ich beschließe zu schweigen.)
(2) **Errare** humanum **est.** (Irren ist menschlich.)

Aufgepasst: Das Prädikatsnomen steht auch beim Subjektsinfinitiv im Akkusativ.

Prodest divit**em** esse. (Es ist vorteilhaft, reich zu sein.)

Der Infinitiv als Objekt

Der Infinitiv als Objekt steht bei Verben, die eine Objektergänzung benötigen, z. B. *velle (wollen), nolle (nicht wollen), cupere (begehren), conari (versuchen), solēre (pflegen).*

Quid scire **vis** de urbe Roma? (Was willst du über die Stadt Rom wissen?) · Romam proficisci **cupit.** (Er möchte nach Rom reisen.)

Aufgepasst: Das Prädikatsnomen steht beim Objektsinfinitiv im Nominativ.

Omn**es** beat**i** esse cupimus. (Wir wollen alle glücklich sein.)

Der AcI – Akkusativ mit Infinitiv

Der AcI (**A**ccusativus **c**um **I**nfinitivo) hat die Funktion eines **Objekts.** Das Objekt ist dabei nicht nur eine Person oder Sache *(Gaium)*, sondern auch eine Handlung *(venire).*
Die handelnde Person oder Sache steht im sogenannten Subjektsakkusativ, die Handlung im Infinitiv.

Pater Gaium venire audit.

Bei der Übersetzung des AcI ins Deutsche wird der **Akkusativ zum Subjekt eines Nebensatzes,** den man am besten zunächst mit ***dass*** einleitet.
Der Infinitiv wird zum Prädikat.

Der Vater hört, **dass Gaius kommt.**
oder: Der Vater hört **Gaius kommen.**

8

Ist das Subjekt des übergeordneten Satzes dasselbe wie im AcI, steht ein **Reflexivpronomen:**

Sc**it** **se** aegrotum esse. → **Er** weiß, dass **er** (selbst) krank ist.

aber: Sc**io** **eum** aegrotum esse. → **Ich** weiß, dass **er** krank ist.

Der AcI steht bei Verben
- des **Sagens, Wahrnehmens, Meinens** und **Wissens** (1),
- der **Gefühlsäußerung** (2),
- des **Veranlassens** und **Hinderns** wie *iubēre (befehlen), vetare (verbieten), sinere (zulassen)* und *pati (lassen)* (3).

Aufgepasst: Steht in der Nähe eines Akkusativs ein Infinitiv, prüfe immer, ob eines der genannten Verben als Prädikat steht – dann handelt es sich um einen AcI!

(1) Marcus se aegrum esse **dicit.** (Marcus sagt, er sei krank.) · **Scio** te fidelem esse. (Ich weiß, dass du zuverlässig bist.)
(2) **Miror** te venisse. (Ich wundere mich, dass du gekommen bist.)
(3) **Iubeo** te veritatem dicere. (Ich befehle dir, die Wahrheit zu sagen.)

Der AcI steht auch nach **unpersönlichen Ausdrücken:**
- *apparet (es ist offensichtlich),*
- *constat (es steht fest),*
- *oportet (es gehört sich),*
- *praestat (es ist besser),*
- *licet (es ist erlaubt).*

Apparet vos Romam profectos esse. (Es ist offensichtlich, dass ihr nach Rom gereist seid [= offensichtlich seid ihr nach Rom gereist].)

Je nach Konstruktion werden folgende Verben **unterschiedlich** übersetzt:

	mit AcI	**mit Finalsatz (ut/ne)**
monēre	erinnern	ermahnen
persuadēre	überzeugen	überreden
concedere	zugeben	erlauben

Das Zeitverhältnis im AcI

Im AcI können grundsätzlich alle Infinitive vorkommen.
Das Tempus des Infinitivs bestimmt das zeitliche Verhältnis zum Hauptprädikat.

Infinitiv Präsens (Gleichzeitigkeit)

Puto eum **venire.** – Ich glaube, dass er kommt.

Putabam eum **venire.** – Ich glaubte, dass er käme.

Infinitiv Perfekt (Vorzeitigkeit)

Puto eum **venisse.** – Ich glaube, dass er gekommen ist.

Putabam eum **venisse.** – Ich glaubte, dass er gekommen sei.

Infinitiv Futur (Nachzeitigkeit)

Puto eum **venturum esse.** – Ich glaube, dass er kommen wird.

Putabam eum **venturum esse.** – Ich glaubte, dass er kommen werde.

Der NcI – Nominativ mit Infinitiv

Werden **transitive Verben,** nach denen der AcI steht, **ins Passiv gesetzt,** steht statt des AcI der NcI (**N**ominativus **c**um **I**nfinitivo). Das **Subjekt des Infinitivs ist** dann zugleich das **Subjekt des Hauptsatzes.**
Der NcI steht nach:

- *vidēri (scheinen),*
- *dici (gesagt werden [= es heißt]),*
- *iubēri (befohlen werden),*
- *fertur/feruntur (man erzählt, dass),*
- *traditur/traduntur (es wird überliefert, dass).*

AcI: **Te amicum meum** esse **putant.** (Man meint, du seist mein Freund.)
NcI: **Tu amicus meus** esse **putaris.** (Du wirst als mein Freund betrachtet.)

Homerus caecus fuisse **dicitur.** (Man sagt, Homer sei blind gewesen.)

Das Participium coniunctum

Das Participium coniunctum ist ein **adverbial gebrauchtes Partizip,** das mit dem Subjekt des Satzes (1) oder einem Objekt (2) verbunden *(coniunctum)* ist. Mit ihm (a) kann man einen Sachverhalt knapper darstellen als mit einem Nebensatz (b):

(1) **Claudius** ab omnibus **irrisus** imperium bene rexit.
(2) **Tibi** nos **adiuvanti** grati sumus.

(a) **Scipio**	a senatu in Africam **missus**	Carthaginienses superavit.
(b) **Scipio,**	**cum** a senatu in Africam **missus esset,**	Carthaginienses superavit.
(a) **Scipio** besiegte,	vom Senat nach Afrika **geschickt,**	die Karthager.
(b) **Scipio** besiegte,	**nachdem er** vom Senat nach Afrika **geschickt worden war,**	die Karthager.

Die Übersetzung des Participium coniunctum ergibt sich aus dem Sinn. Es kann temporale, kausale, konditionale, konzessive, finale oder modale adverbiale Bedeutung haben.

Cicero | orationes multas **habens** | gloriam consecutus est.

wörtlich: Cicero hat, | viele Reden **haltend,** | Ruhm erlangt.
modal: Cicero hat, | **indem** er viele Reden **hielt,** | Ruhm erlangt.
kausal: Cicero hat, | **weil** er viele Reden **hielt,** | Ruhm erlangt.
beigeordnet: Cicero hat | viele Reden **gehalten** | **und daher** Ruhm erlangt.

Es gibt auch **attributive Partizipien.** Sie werden wörtlich oder mit einem Relativsatz wiedergegeben:

Pueri silvā **ludentes** bestiam ingentem viderunt.
Die im Wald spielenden Kinder sahen ein riesiges Tier.
oder: Die Kinder, die im Wald spielten, sahen ein riesiges Tier.

Beachte auch hier die Regeln des Zeitverhältnisses (↑ S. 69):

Partizip Präsens (Gleichzeitigkeit)	Tacentes iter parant. – Schweigend bereiten sie sich auf die Reise vor.
Partizip Perfekt (Vorzeitigkeit)	Reversus cogitavit. – Nachdem er zurückgekehrt war, überlegte er.
Partizip Futur (Nachzeitigkeit)	Me adiuturus venit. – Er kommt, um mir zu helfen.

TOPTHEMA

Der Ablativus absolutus

Der Ablativus absolutus (oder Ablativ mit Partizip) besteht aus einem Substantiv und einem Partizip im Ablativ. Wie das Participium coniunctum hat er **adverbiale Funktion.**

Im Gegensatz zum Participium coniunctum (↑ S. 70 f.) aber ist der Ablativus absolutus **nicht von einem Glied des übrigen Satzes abhängig.** Daher kann man ihn in der Übersetzung von der Konstruktion des Satzes **lösen** (= *absolvere* → PPP *absolutus*).

Part. coni.	Romani **gladiatores** fortiter **pugnantes** spectaverunt. Die Römer sahen den Gladiatoren, während sie tapfer kämpften, zu.
Abl. abs.	Romani **gladiatoribus** fortiter **pugnantibus** clamaverunt. Die Römer schrien, während die Gladiatoren tapfer kämpften.

Im Participium coniunctum bezieht sich das Subjekt des deutschen Nebensatzes (sie) auf ein Substantiv des Hauptsatzes (die Gladiatoren). Im Ablativus absolutus bezieht sich das Subjekt des Nebensatzes (die Gladiatoren) nicht auf ein Substantiv des Hauptsatzes.

Participium coniunctum	**Ablativus absolutus**
Romani ↔ ... spectaverunt.	Romani ↔ ... clamaverunt.
gladiatores ... pugnantes	**gladiatoribus ... pugnantibus**

So erkennst du einen Ablativus absolutus: **Steht ein Ablativ, prüfe, ob in der Nähe ein Partizip zu finden ist,** das auf *-to/-so, -tā/-sā, -tis/-sis* oder *-nte/-ntibus* endet!

Übersetzungsmöglichkeiten

Wie das Participium coniunctum kann auch der Ablativus absolutus verschiedene Sinnrichtungen ausdrücken:

Sinnrichtung	Nebensatz	Präpositionalgefüge	gleichgeordnet
temporal (Zeit) gleichzeitig	während, als, wenn	während, bei	währenddessen, dabei
vorzeitig	nachdem, als	nach	danach
modal (Art und Weise)	wobei, indem	bei, durch	dabei, dadurch
kausal (Grund)	da, weil	infolge, wegen	deshalb, daher
konzessiv (Einschränkung)	obwohl	trotz	trotzdem, dennoch
konditional (Bedingung)	wenn, falls	bei, im Fall	–

↓

	Caesar **Gallis victis** Romam revertit.
Nebensatz	**Nachdem/weil die Gallier besiegt worden waren,** kehrte Cäsar nach Rom zurück.
Präpositionalgefüge	**Nach dem Sieg über die Gallier** kehrte Cäsar nach Rom zurück.
gleichgeordnet	**Die Gallier waren besiegt worden, daraufhin/deshalb** kehrte Cäsar nach Rom zurück.

8

Nominale Wendungen

Ein Ablativus absolutus kann auch aus **zwei Substantiven** oder einem **Substantiv + Adjektiv im Ablativ** bestehen:

me duce – unter meiner Führung
Caesare auctore – auf Veranlassung Cäsars
Tarquinio rege – unter der Herrschaft des Tarquinius
Hannibale vivo – zu Lebzeiten des Hannibal
patre invito – gegen den Willen des Vaters

Das Gerundium

Das Gerundium ersetzt die fehlenden Kasus des substantivierten Infinitivs Präsens Aktiv. Es kommt **nur im Singular,** am häufigsten im Genitiv, vor.

regere (herrschen)
Gen. reg**endi**
Dat. reg**endo**
Akk. (ad) reg**endum**
Abl. reg**endo**

Infinitiv	**Natare** delectat.	**Schwimmen** macht Spaß.
Gerundium im Genitiv	Facultas **natandi** utilis est.	Die Fähigkeit **zu schwimmen** (des Schwimmens) ist nützlich.
Gerundium im Akkusativ	Piscis **ad natandum** natus est.	Der Fisch ist **zum Schwimmen** geboren.

Das Gerundium **im Genitiv** steht:
- attributiv bei Substantiven (1),
- bei Adjektiven, die ihre Ergänzung im Genitiv haben (2), und
- nach den Ablativen *causā* und *gratiā (um ... willen)* (3).

(1) ars scrib**endi** (die Kunst des Schreibens)
(2) cupidus disc**endi** (begierig zu lernen)
(3) consul**endi** causā (um sich zu beraten)

Das Gerundium **im Akkusativ** steht nur bei Präpositionen, meist mit *ad* zur Angabe eines Zwecks, besonders bei:
- *paratus (bereit),*
- *aptus/idoneus (geeignet),*
- *facilis (leicht).*

ad bene **vivendum** (um glücklich zu leben) · Hic locus **ad** requiesc**endum** idoneus est. (Dieser Ort ist zum Ausruhen geeignet.)

Das Gerundium **im Ablativ** steht ohne oder mit Präposition, besonders nach *in* und *de*.

in cogit**ando** (beim Nachdenken)

Das Gerundium kann sich auch mit
- Adverbien (1),
- adverbialen Bestimmungen (2) und
- Objekten (3) verbinden.

Darin zeigt sich seine ursprünglich verbale Natur.

(1) ars **recte** scrib**endi** (die Kunst, richtig zu schreiben)
(2) consilium **ex urbe** ex**eundi** (der Entschluss, die Stadt zu verlassen)
(3) spes **epistulam** accipi**endi** (die Hoffnung, einen Brief zu bekommen)

Das Gerundivum

Das Gerundivum ist ein **passivisches Verbaladjektiv.** Es richtet sich in Kasus, Numerus und Genus nach dem zugehörigen Substantiv, kommt also auch im Plural vor.

fact**a** non toler**anda** (unerträgliche Taten/Taten, die nicht zu ertragen sind)

Mit dem Gerundivum wird eine Notwendigkeit ausgedrückt. Es bezeichnet, dass **etwas getan werden soll** oder (wenn es verneint ist) **etwas nicht getan werden darf.**
Aufgepasst: Es hat auch bei Deponenzien passive Bedeutung.

Liber **legendus est.** (Das Buch muss gelesen werden.) · facinus **non admirandum** (eine Tat, die man nicht bewundern darf)

Attributive Verwendung (Gerundivum pro Gerundio)

Die attributive Verwendung ist nur bei **transitiven Verben** (↑ S. 57) möglich, denn das **substantivische Bezugswort** ist **inhaltlich oft das Objekt** der Handlung. Meist steht das Gerundivum mit seinem Bezugswort

- im **Genitiv** oder **Ablativ** (1),
- in einem **Präpositionalausdruck** (2).

(1) consilium **urbis relinquendae** (der Entschluss, die Stadt zu verlassen)
(2) in **libro legendo** (beim Lesen des Buches)

Die attributive Verwendung bezeichnet einen **sich vollziehenden Vorgang.**
Aufgepasst: Die Deponenzien *uti (gebrauchen), frui (genießen), fungi (verwalten)* und *potiri (sich bemächtigen)* – sonst mit Ablativ! – werden hier wie transitive Verben gebraucht.

spes **castrorum potiundorum** (die Hoffnung, sich des Lagers zu bemächtigen)

Prädikative Verwendung

Prädikativ kann das Gerundivum bei transitiven und intransitiven Verben verwendet werden.
Bei **transitiven Verben** wird das Gerundivum **persönlich konstruiert.** Die Person, die etwas tun muss oder nicht darf, steht dabei im **Dativ** (Dativus auctoris ↑ S. 56).

Victoria **nobis** celebranda est. (Der Sieg muss **von uns** gefeiert werden [= wir müssen den Sieg feiern].)

Bei **intransitiven Verben** wird die **unpersönliche Konstruktion** verwendet.

Vobis par**endum est.** (Von euch muss gehorcht werden [= ihr müsst gehorchen].)

Bei folgenden transitiven Verben bezeichnet das Gerundivum den **Zweck einer Handlung** (Verben des Übergebens und Überlassens):

Caesar **pontem** in flumine **faciendum curavit.** (Cäsar ließ eine Brücke über den Fluss schlagen.)

dare – geben
tradere – übergeben
mandare – anvertrauen
mittere – schicken
concedere – überlassen
committere – anvertrauen
permittere – überlassen
relinquere – zurücklassen
suscipere – übernehmen
curare – besorgen, lassen
praebere – überlassen

Gerundium oder Gerundivum?

Im **Genitiv** und im **Ablativ** kann ohne Bedeutungsunterschied **anstelle der Gerundivkonstruktion** auch das **Gerundium mit Objekt** verwendet werden:

Gerundivum	Gerundium	
spes epistul**ae** accipie**ndae** (Gen.)	spes epistul**am** accipie**ndi**	die Hoffnung, einen Brief zu bekommen
Discimus r**e** specta**ndā.** (Abl.)	Discimus r**em** specta**ndo.**	Wir lernen, indem wir die Sache betrachten.

9 Hauptsätze

Hauptsätze sind selbstständige Sätze. Man unterscheidet unabhängige Aussagesätze, Begehrsätze und Fragesätze.

Unabhängige Aussagesätze

Aussagesätze drücken entweder einen
- wirklichen (realen),
- möglichen (potenzialen) oder
- unwirklichen (irrealen)

Sachverhalt aus.

Realis

In **realen Aussagesätzen** wird eine Aussage als **wirklich** dargestellt.

Omnes homines mortales sunt. (Alle Menschen sind sterblich.)

Im Lateinischen steht bei bestimmten **unpersönlichen Ausdrücken,** in **rhetorischen Fragen** und bei *paene (beinahe)* der **Indikativ.** Im Deutschen ist dagegen der Konjunktiv erforderlich.

longum est (es würde zu weit führen) · Quis negat? (Wer würde leugnen?) · Paene cecidi. (Beinahe wäre ich hingefallen.)

Potenzialis

In **potenzialen Aussagesätzen** wird eine Aussage als **möglich** aufgefasst.

- Potenziale Aussagesätze der **Gegenwart** stehen im **Konjunktiv Präsens** oder **Perfekt.**

Der Potenzialis der Gegenwart wird mit *könnte, dürfte* oder durch Einfügen von *wohl* oder *vielleicht* ins Deutsche übersetzt.

Aufgepasst: Das Perfekt hat keine Vergangenheitsbedeutung!

dicat/dixerit aliquis (es könnte jemand sagen) · Quis dubitet? (Wer wird wohl zweifeln?) · aliquis credat/crediderit (jemand wird wohl glauben)

- Potenziale Aussagesätze der **Vergangenheit** stehen im **Konjunktiv Imperfekt.**

Der Potenzialis der Vergangenheit wird übersetzt mit *hätte ... können* oder *hätte wohl ...*

crederes/putares (man hätte glauben können)

Irrealis

In **irrealen Aussagesätzen** wird eine Aussage als **nicht wirklich** dargestellt.

- Irreale Aussagesätze der **Gegenwart** stehen im **Konjunktiv Imperfekt,**

Sine feriis vita tristis esset. (Ohne Ferien wäre das Leben traurig.)

- irreale Aussagesätze der **Vergangenheit** stehen im **Konjunktiv Plusquamperfekt.**

Sine te desperavissem. (Ohne dich wäre ich verzweifelt.)

Unabhängige Begehrsätze

Mit einem Begehrsatz wird ausgedrückt, dass etwas **verwirklicht werden soll.**

Befehle und **Aufforderungen** an die 2. Person stehen im **Imperativ.** Verneint werden sie mit
- *noli/nolite* + Infinitiv oder
- *ne* + Konjunktiv Perfekt.

Dic! (Sprich!) · Nolite cunctari! (Zögert nicht!) · Ne necaveris! (Töte nicht!)

Aufforderungen an die 1. Person werden mit dem Konjunktiv Präsens gebildet (Hortativ), verneint werden sie mit *ne*.

Eamus! (Lasst uns gehen!) · Ne desperemus! (Wir wollen nicht verzweifeln!)

Bei Wünschen unterscheidet man erfüllbare und unerfüllbare Wünsche (Optativ). Die Verneinung ist immer *ne*.
- **Erfüllbare Wünsche** der Gegenwart (1) stehen im Konjunktiv Präsens, erfüllbare Wünsche der Vergangenheit im Konjunktiv Perfekt. Zur Verstärkung dient *utinam (wenn doch)*.
- **Unerfüllbare Wünsche** der Gegenwart (2) stehen im Konjunktiv Imperfekt, unerfüllbare Wünsche der Vergangenheit im Konjunktiv Plusquamperfekt. Hier steht immer *utinam*.

(1) Bene redeat! (Möge er gut zurückkehren!) · Utinam bene redierit! (Hoffentlich ist er gut zurückgekehrt!)
(2) Utinam viveret! (Wenn er doch noch am Leben wäre!) · Utinam ne hanc epistulam scripsisses! (Hättest du doch nicht diesen Brief geschrieben!)

Unabhängige Fragesätze

Bei den unabhängigen Fragesätzen unterscheidet man Wortfragen, Satzfragen und Doppelfragen.

Wortfragen

Sie werden mit einem **Fragewort** eingeleitet und beziehen sich nur auf ein einzelnes Wort.

Quem exspectatis? (Auf wen wartet ihr?)

Satzfragen

Sie beziehen sich auf den Inhalt des ganzen Satzes und werden durch die **Fragepartikel**

- *-ne* (Antwort: offen),
- *nonne (etwa nicht)* [*erwartete* Antwort: *ja, doch*] oder
- *num (etwa)* [*erwartete* Antwort: *nein*]

eingeleitet.

Fuisti**ne** heri domi? (Warst du gestern zu Hause?) · **Num** dubitas id facere? (Zögerst du etwa, dies zu tun?) · **Nonne** amicam aegrotam visitavisti? (Hast du die kranke Freundin etwa nicht besucht?)

Doppelfragen

Sie stellen Möglichkeiten zur Wahl.

- Das erste Glied wird durch ein im Deutschen unübersetztes *utrum* oder angehängtes *-ne* eingeleitet,
- das zweite durch *an (oder)*.

Utrum manebimus/Manebimus**ne an** proficiscemur? (Bleiben wir oder brechen wir auf?)

10 Nebensätze

Von einem Hauptsatz (übergeordneter Satz) können ein oder mehrere Nebensätze abhängen (Nebensatz erster Ordnung, zweiter Ordnung usw.). Von der Art des Nebensatzes und der Konjunktion hängt es ab, ob der Indikativ oder der Konjunktiv steht.

Abhängige Aussagesätze

■ Durch *quod (dass)* eingeleitete Nebensätze (faktisches *quod*) stehen im **Indikativ.**

Bene evenit, **quod** me adiuvas. (Es trifft sich gut, dass du mir hilfst.)

■ Durch *ut (dass)* eingeleitete Nebensätze stehen im **Konjunktiv.**

Ei contigit, **ut** Romam iret. (Es gelang ihm, nach Rom zu gehen.)

Aufgepasst: Nach *non dubitare (nicht zweifeln)* und *non dubium est (es besteht kein Zweifel)* wird der Nebensatz mit *quin (dass)* eingeleitet.

Non dubito, **quin** verum dicas. (Ich bezweifle nicht, dass du die Wahrheit sagst.)

Abhängige Begehrsätze

Abhängige Begehrsätze stehen im Konjunktiv.

- Sie folgen auf **Verben des Bittens, Begehrens, Strebens** und **Sorgens** und
- werden mit *ut (dass)* und *ne (dass nicht)* eingeleitet.

Te hortor, **ut** prudenter agas. (Ich ermahne dich, klug zu handeln [= dass du ...].) · Curat, **ne** ingratus videatur. (Er sorgt dafür, nicht undankbar zu erscheinen.)

Aufgepasst:

- Nach **Verben des Fürchtens** *(verēri, timēre, metuere)* stehen *ne (dass)* und *ut/ne non (dass nicht)* (1).
- Nach **Verben des Hinderns** und **Abhaltens** *(impedire, prohibēre, interdicere)* steht *quominus* oder *ne (dass)* (2).

(1) Timeo, **ne** cadas. (Ich fürchte, **dass** du fällst.)
(2) Me infirmitas impedit, **quominus** veniam. (Meine Schwäche hindert mich zu kommen.)

Abhängige Fragesätze

Abhängige (indirekte) Fragesätze

- stehen nach **Verben des Fragens, Sagens, Wissens** und **Denkens,**
- werden mit einem **Fragewort** eingeleitet und
- stehen immer im **Konjunktiv.**

Scire velim, **quid** facias. (Ich möchte wissen, was du machst.) · Interrogavi, **ubi** heri fueris. (Ich fragte, wo du gestern gewesen bist.)

Die Zeitenfolge in konjunktivischen Nebensätzen (Consecutio temporum)

Es gibt drei Zeitstufen, in denen die Handlung eines Nebensatzes im Verhältnis zum Hauptsatz beschrieben werden kann: Vorzeitigkeit, Gleichzeitigkeit und Nachzeitigkeit:

- **Vorzeitigkeit:** Die Handlung im Nebensatz liegt vor der Handlung im Hauptsatz.
- **Gleichzeitigkeit:** Die Handlungen von Haupt- und Nebensatz finden zur gleichen Zeit statt.
- **Nachzeitigkeit:** Die Handlung im Nebensatz geschieht nach der Handlung im Hauptsatz.

Regeln für die Verwendung der Zeiten

Wenn die Handlung des Nebensatzes **vorzeitig** zu der des übergeordneten Satzes ist, steht

- bei Bezug auf Präsens oder Futur — Konjunktiv Perfekt:

Scio/sciam,	quid egeris.
Ich weiß/werde wissen,	was du getan hast.

- bei einem Vergangenheitstempus — Konjunktiv Plusquamperfekt:

Sciebam,	quid fecisses.
Ich wusste,	was du getan hattest.

Wenn die Handlung des Nebensatzes **gleichzeitig** zu der des übergeordneten Satzes stattfindet, steht

- bei Bezug auf Präsens oder Futur — Konjunktiv Präsens:

Scio/sciam,	quid facias.
Ich weiß/werde wissen,	was du tust.

- bei einem Vergangenheitstempus — Konjunktiv Imperfekt:

Sciebam,	quid faceres.
Ich wusste,	was du tatest.

Wenn die Handlung des Nebensatzes **nachzeitig** zu der des übergeordneten Satzes geschieht, wird das Partizip Futur Aktiv + Konjunktiv Präsens oder Imperfekt von *esse*, die sogenannte **Coniugatio periphrastica,** verwendet. Es steht

- bei Bezug auf Präsens oder Futur *-urus sim:*

Scio/sciam, quid facturus sis.
Ich weiß/werde wissen, was du tun wirst.

- bei einem Vergangenheitstempus *-urus essem:*

Sciebam, quid facturus esses.
Ich wusste, was du tun würdest.

Die Zeitenfolge im Überblick

Hauptsatz: Präsens oder Futur

Konjunktiv im Nebensatz

gleichzeitig	vorzeitig	nachzeitig
Präsens	Perfekt	*-urus sim*

Hauptsatz: Imperfekt, Perfekt oder Plusquamperfekt (Vergangenheitstempus)

Konjunktiv im Nebensatz

gleichzeitig	vorzeitig	nachzeitig
Imperfekt	Plusquamperfekt	*-urus essem*

Aufgepasst: Nachzeitigkeit ist eher selten, präge dir deshalb vor allem die Regeln zur Vor- und Gleichzeitigkeit ein.

Adverbialsätze

Temporalsätze

Temporalsätze geben eine **Zeitbestimmung** an: Wann findet etwas statt? Es können folgende Konjunktionen stehen:

Cum domum irem, sol ortus est. (**Als** ich nach Hause ging, ging die Sonne auf.)

cum (historicum)	m. Konj.	als, nachdem
postquam	m. Ind. Perf.	nachdem + Plqu.
antequam/priusquam	m. Ind./Konj.	ehe, bevor
(tum ...) **cum** (temporale)	m. Ind.	(damals ...) als
cum (inversivum)	m. Ind.	als, da
cum (iterativum) **quotiens**	m. Ind.	jedesmal wenn, sooft
cum primum/ **ut/ubi (primum)/** **simul/simulatque**	m. Ind. Perf.	sobald (als)
dum/quoad	m. Ind./Konj.	solange (bis)
dum	m. Ind. Präs.	während
cum interea	m. Ind.	während (inzwischen)
dum/donec/ **quoad/quamdiu**	m. Ind.	solange (als)

Finalsätze

Finalsätze geben eine **Absicht** oder einen **Zweck** an. Folgende Konjunktionen leiten einen Finalsatz ein:

Edo, **ut** vivam. (Ich esse, **um zu** leben.)

ut	m. Konj.	damit, um zu
ne	m. Konj.	damit nicht
quo/ut eo	m. Konj. vor Komp.	damit umso

Kausalsätze

Kausalsätze geben einen **Grund** an.

Sie können folgende Konjunktionen haben:

Cum Graeci appropinquarent, hostes fugerunt. (**Da** die Griechen sich näherten, flohen die Feinde.)

cum (causale)	m. Konj.	da, weil
quod/quia/quoniam	m. Ind.	da, weil

Konsekutivsätze

Konsekutivsätze bezeichnen eine **Folge.**

Diese Konjunktionen werden verwendet:

Nemo tam prudens est, **ut** omnia sciat. (Niemand ist so klug, **dass** er alles weiß.)

ut	m. Konj.	(so) dass
ut non	m. Konj.	(so) dass nicht
quam ut	m. Konj.	als dass

Konsekutivsätze erkennst du oft an hinweisenden Adverbien, Adjektiven oder Pronomen im vorausgehenden Hauptsatz.

sīc · ita · tam · tālis tantus, -a, -um u. a.

Konzessivsätze

Konzessivsätze bringen ein **Zugeständnis** oder eine **Einräumung** zum Ausdruck.

Etsi me offendisti, tibi ignosco. (**Wenn** du mich **auch** beleidigt hast, verzeihe ich dir.)

Konzessivsätze

Sie stehen mit folgenden Konjunktionen:

cum (concessivum)	m. Konj.	obwohl, wenn auch
quamquam	m. Ind.	obwohl, wenn auch
etsi/tametsi	m. Ind.	auch wenn, selbst wenn
etiamsi	m. Ind./Konj.	auch wenn, selbst wenn
quamvis	m. Konj.	wenn auch (noch so sehr), wie sehr auch
licet	m. Konj.	mag auch, wenn auch
ut (concessivum)	m. Konj.	angenommen dass, wenn auch

Modalsätze

Modalsätze geben die **Art und Weise** an, wie etwas geschieht.

Cum taces, facinus confiteri videris. (**Dadurch, dass** du schweigst, scheinst du die Tat zuzugeben.)

Diese Konjunktionen werden verwendet:

cum (explicativum)	m. Ind.	dadurch, dass; indem
cum (modale)	m. Konj.	wobei

Konditionalsätze

Konditionalsätze drücken eine **Bedingung** aus. Diese Konjunktionen werden verwendet:

si	m. Ind./Konj.	wenn
nisi (**ni**)	m. Ind./Konj.	wenn nicht

Zusätzliche Sinnrichtungen werden ausgedrückt durch:

quod si – wenn nun, wenn aber
sive ... sive – sei es, dass ... oder dass
si quidem – wenn wirklich
si modo – wenn nur
nisi forte – wenn nicht etwa
si non – wenn nicht (Verneinung eines einzelnen Wortes)

Je nachdem, in welchem Verhältnis die Bedingung zur Wirklichkeit steht, wird der Realis, der Potenzialis oder der Irrealis verwendet (zur Verwendung der Zeiten ↑ S. 84 f.).

Realis → Bedingung und Folgerung werden als wirklich dargestellt:

Si ad nos venis, omnes gaudent.
Wenn du zu uns kommst, freuen sich alle.

Potenzialis → Bedingung und Folgerung werden als möglich dargestellt:

Si ad nos venias/veneris, omnes gaudeant/gavisi sint.
Wenn du zu uns kommen solltest, freuen sich wohl alle.

Irrealis → Bedingung und Folgerung werden als unwirklich dargestellt:

der Gegenwart: Si ad nos venires, omnes gauderent.
Wenn du zu uns kämst, würden sich alle freuen.

der Vergangenheit: Si ad nos venisses, omnes gavisi essent.
Wenn du zu uns gekommen wärst, hätten sich alle gefreut.

Relativsätze

Relativsätze ergänzen ein Subjekt, Objekt oder eine Adverbiale. Sie werden mit einem Relativpronomen (↑ S. 25) eingeleitet.
Ein Relativsatz kann einen zusätzlichen Nebensinn enthalten und einen **Grund,** eine **Absicht,** eine **Folge** oder eine **Einschränkung** ausdrücken. In diesem Fall steht der **Konjunktiv:**

Insula, **quam** procul **vides,** parva est. (Die Insel, **die** du in der Ferne **siehst,** ist klein.)

kausaler Nebensinn	Reus, **qui** innocens **esset,** damnatus non est. Der Angeklagte, der **ja** unschuldig **war,** wurde nicht verurteilt.
finaler Nebensinn	Legati missi sunt, **qui** pacem **peterent.** Man schickte Legaten, **die** um Frieden **bitten sollten** (= damit sie ... bäten).
konsekutiver Nebensinn	Sunt, **qui** cred**ant** ... Es gibt Leute, **die** (= von der Art, dass sie) **glauben** ...

Relativer Satzanschluss

Das Relativpronomen kann zwei aufeinanderfolgende selbstständige Sätze enger miteinander verbinden. *Aufgepasst:* Übersetze das Relativpronomen mit einem Demonstrativpronomen!

Quis ignoret Neronem? **Qui** incendium Romae excitavisse dicitur. (Wer kennt Nero nicht? **Dieser** soll [nämlich] den Brand Roms angestiftet haben.)

Verschränkte Relativsätze

Ein Relativsatz kann mit einer Infinitivkonstruktion oder einem untergeordneten Nebensatz eine sogenannte Verschränkung eingehen. Bei der Übersetzung dieser Verschränkung gibt es verschiedene Möglichkeiten.

Verschränkung mit einem AcI

Socrates, **quem innocentem fuisse constat,** e carcere fugere noluit.

Sokrates,

Hilfsübersetzung	■ **von dem bekannt ist,** dass er unschuldig war,
Parenthese (Einschub)	■ **der, wie bekannt ist,** unschuldig war,
Adverb	■ **der bekanntlich** unschuldig war,

wollte nicht aus dem Gefängnis fliehen.

Verschränkung mit einem Nebensatz

Libenter lego libros Platonis, **quem tu quanti facias scio.**

Ich lese gern die Bücher des Plato,

Hilfsübersetzung	■ **von dem ich weiß,** wie hoch du ihn schätzt.
Parenthese	■ **den du, wie ich weiß,** hoch schätzt.
Präpositionalausdruck	■ **den du nach meiner Kenntnis** hoch schätzt.

Mehrdeutige Konjunktionen

Einige Konjunktionen haben mehrere Bedeutungen. Das gilt insbesondere für *ut* und *cum*. Achte darauf:

- Folgt ihnen der Indikativ?
- Folgt der Konjunktiv?

Beachte auch den Textzusammenhang. Er kann dir bei der Übersetzung weiterhelfen.

cum

temporal		
cum (historicum)	m. Konj.	als, nachdem
(tum ...) cum (temporale)	m. Ind.	(damals ...) als
cum (inversivum)	m. Ind.	als, da
cum (iterativum)	m. Ind.	jedesmal wenn, sooft
cum primum (temporale)	m. Ind. Perf.	sobald (als)
cum interea	m. Ind.	während (inzwischen)
modal		
cum (explicativum)	m. Ind.	dadurch, dass; indem
cum (modale)	m. Konj.	wobei
kausal		
cum (causale)	m. Konj.	da, weil
quippe cum	m. Konj.	da ja
praesertim cum	m. Konj.	zumal da
konzessiv		
cum (concessivum)	m. Konj.	obwohl, wenn auch
adversativ		
cum (adversativum)	m. Konj.	während (dagegen)
beiordnend		
cum (... tum)		sowohl (... als auch)

Aufgepasst: Cum kann auch **Präposition mit Ablativ** sein: *mit.*

ut

konsekutiv		
ut	m. Konj.	(so) dass
ut non	m. Konj.	(so) dass nicht
quam ut	m. Konj.	als dass
final		
ut	m. Konj.	damit, um zu
temporal		
ut (primum)	m. Ind. Perf.	sobald (als)
konzessiv		
ut (concessivum)	m. Konj.	angenommen dass, wenn auch
komparativ		
ut	m. Ind.	wie
ut si	m. Ind.	wie wenn

quod

faktisch		
quod	m. Ind.	dass
kausal		
quod	m. Ind./Konj.	weil, da

Aufgepasst: Quod kann auch **Neutrum Singular** des **Relativpronomens** oder **Fragepronomens** sein: *das, welches, was* oder *welches?*

dum

temporal		
dum	m. Ind.	solange (als), während
dum	m. Ind./Konj.	(solange) bis
konditional		
dum	m. Konj.	wenn nur

Testfragen

Hier kannst du testen, wie gut du die lateinische Grammatik beherrschst. Zu jeder Frage gibt es genau *eine* richtige Antwort. Wenn du unsicher bist oder mehr wissen möchtest, zeigen dir die Seitenverweise am Rand, wo du ausführlichere Informationen findest. Die Lösungen stehen auf Seite 109.

Schwierigkeitsgrad: einfach

↑ S. 39
1 Wie heißt die Passivform von *vocāveram?*
- ☐ a) vocātus eram
- ☐ b) vocātus sum
- ☐ c) vocātus iram

↑ S. 82
2 *ut* in der Bedeutung *dass* steht mit dem ...
- ☐ a) Konjunktiv.
- ☐ b) Indikativ.
- ☐ c) Indikativ / Konjunktiv.

↑ S. 64
3 Mit welchem Kasus steht die Präposition *ante?*
- ☐ a) Mit Ablativ.
- ☐ b) Mit Akkusativ.
- ☐ c) Mit Akkusativ und Ablativ.

↑ S. 26
4 Nach dem Wörtchen *sī* ...
- ☐ a) entfällt das *ali-* von *aliquis.*
- ☐ b) kann nicht *nōn* stehen.
- ☐ c) muss ein Konjunktiv folgen.

↑ S. 38
5 Wie lautet die Übersetzung von *capti sunt?*
- ☐ a) Sie waren gefangen worden.
- ☐ b) Sie sind gefangen worden.
- ☐ c) Sie werden gefangen werden.

6 Wie nennt man die Übereinstimmung des Prädikats in Kasus, Numerus und Genus? ↑S. 50

☐ a) Konkurrenz
☐ b) Kongruenz
☐ c) Konjugation

7 Wie lautet die Bedeutung von *cum*, wenn es modal verwendet wird? ↑S. 88

☐ a) weil
☐ b) nachdem
☐ c) dadurch, dass

8 Wie lautet der Ablativ Singular von *victor?* ↑S. 6

☐ a) victorō
☐ b) victorī
☐ c) victore

9 Das Verb *trānsīre* bedeutet ... ↑S. 46

☐ a) hinüberschicken.
☐ b) hinübergehen.
☐ c) hinüberbringen.

10 Wie lautet der Genitiv Singular von *domina?* ↑S. 4

☐ a) dominae
☐ b) domina
☐ c) dominās

11 Die Formveränderung eines Verbs nennt man ... ↑S. 31

☐ a) Deklination.
☐ b) Konjugation.
☐ c) Flexion.

12 Mit welcher Konjunktion ist *quod* in der Bedeutung von *weil* bedeutungsgleich? ↑S. 87

☐ a) dum
☐ b) cum
☐ c) postquam

↑ S. 55

13 Nach *studēre* steht der ...
- ☐ a) Akkusativ.
- ☐ b) Genitiv.
- ☐ c) Dativ.

↑ S. 90

14 Woran erkennt man einen Relativsatz mit Nebensinn?
- ☐ a) am Konjunktiv
- ☐ b) am Relativpronomen
- ☐ c) an der relativischen Verschränkung

↑ S. 40

15 Eine Gerundivform erkennt man an dem Kennzeichen ...
- ☐ a) -nt-
- ☐ b) -nd-
- ☐ c) -tu-

↑ S. 8

16 Die Substantive *turris* und *sitis* haben im Akkusativ Singular die Endung ...
- ☐ a) -im.
- ☐ b) -um.
- ☐ c) -em.

↑ S. 23

17 Wie dekliniert man das Demonstrativpronomen *iste, ista, istud?*
- ☐ a) wie *īdem, eadem, idem*
- ☐ b) wie *ipse, ipsa, ipsum*
- ☐ c) wie *ille, illa, illud*

↑ S. 24

18 Wie lautet die entsprechende Form von *ipsōrum*, wenn man sie von *īdem* bildet?
- ☐ a) eiusdem
- ☐ b) eārundem
- ☐ c) eōrundem

↑ S. 5

19 Das Genus von *agricola* ist ...
- ☐ a) Femininum.
- ☐ b) Maskulinum.
- ☐ c) Maskulinum / Femininum.

20 Nach den Adjektiven *studiōsus, cupidus* und *plēnus* steht der ... ↑ S. 52

- ☐ a) Genitiv.
- ☐ b) Dativ.
- ☐ c) Ablativ.

21 Abhängige Fragesätze stehen immer im ... ↑ S. 83

- ☐ a) Indikativ.
- ☐ b) Konjunktiv.
- ☐ c) Imperativ.

22 Welche deklinierte Form von *vīs* gibt es nicht? ↑ S. 9

- ☐ a) vim
- ☐ b) vīsī
- ☐ c) vī

23 Die Konjunktion *sī* drückt eine ... ↑ S. 88

- ☐ a) Einschränkung aus.
- ☐ b) Bedingung aus.
- ☐ c) Folge aus.

24 Die Konjunktion *postquam* steht immer mit dem ... ↑ S. 86

- ☐ a) Indikativ Perfekt.
- ☐ b) Konjunktiv Perfekt.
- ☐ c) Indikativ Plusquamperfekt.

25 Das Personalpronomen *nōs* kann bedeuten ... ↑ S. 22

- ☐ a) uns.
- ☐ b) wir.
- ☐ c) uns / wir

26 Das Verb *parcere* steht mit dem ... ↑ S. 55

- ☐ a) Ablativ.
- ☐ b) Dativ.
- ☐ c) Genitiv.

↑ S. 40

27 In welchem Tempus steht der Infinitiv *monuisse?*

☐ a) Im Präsens.
☐ b) Im Perfekt.
☐ c) Im Futur.

↑ S. 36

28 Wie heißt der Imperativ I von *audīre* im Plural?

☐ a) audī!
☐ b) audīte!
☐ c) audītis!

↑ S. 79

29 Irreale Aussagesätze stellen einen Sachverhalt als ...

☐ a) nicht wirklich dar.
☐ b) wirklich dar.
☐ c) möglich dar.

↑ S. 88

30 Wie übersetzt man die Konjunktion *quamquam?*

☐ a) obwohl
☐ b) weil
☐ c) während

↑ S. 89

31 Wenn eine Bedingung als möglich dargestellt wird, handelt es sich um einen ...

☐ a) Realis.
☐ b) Irrealis.
☐ c) Potenzialis.

↑ S. 73

32 Die nominale Wendung *mē duce* bedeutet ...

☐ a) unter meiner Führung.
☐ b) als ich Führer war.
☐ c) wenn ich geführt hätte.

↑ S. 41

33 Bei der Form *audītūrus* handelt es sich um ein ...

☐ a) Partizip Futur Aktiv.
☐ b) Partizip Präsens Aktiv.
☐ c) Partizip Perfekt Passiv.

Schwierigkeitsgrad: mittel

34 Die Genitivendung der Pronominaladjektive lautet ... ↑ S. 28
- ☐ a) -īus.
- ☐ b) -ī.
- ☐ c) -ium.

35 Der Imperativ I *laudā!* heißt im Imperativ II ... ↑ S. 36
- ☐ a) laudātōte!
- ☐ b) laudātō!
- ☐ c) laudantō!

36 Wie wird das Perfekt Passiv gebildet? ↑ S. 38
- ☐ a) mit dem PPP + Präsens von *esse*.
- ☐ b) mit dem PPA + Präsens von *esse*.
- ☐ c) mit dem PPP + Präsens von *īre*.

37 Die Deklination des Komparativs ist ... ↑ S. 16
- ☐ a) einendig.
- ☐ b) dreiendig.
- ☐ c) zweiendig.

38 Wie heißt die 2. Person Singular Präsens Passiv von *monēre?* ↑ S. 32
- ☐ a) monēs
- ☐ b) monēmini
- ☐ c) monēris

39 Das Partizip Perfekt des Deponens *arbitrārī* lautet ... ↑ S. 42
- ☐ a) arbitrātus.
- ☐ b) arbitrāns.
- ☐ c) arbitrātūrus.

40 *magnī facere* heißt *hoch schätzen* und ist ein ... ↑ S. 54
- ☐ a) Genitivus qualitatis.
- ☐ b) Genitivus possessivus.
- ☐ c) Genitivus pretii.

↑ S. 9

41 Der Dativ von *Iuppiter* lautet ...
☐ a) Iuppiterō.
☐ b) Iovī.
☐ c) Iuppitrī.

↑ S. 45

42 Setzt man die Präsensform *prōsit* ins Imperfekt, lautet sie ...
☐ a) prōesset.
☐ b) prōderat.
☐ c) prōdesset.

↑ S. 35

43 Die 1. Person Singular Futur Aktiv von *regere* lautet ...
☐ a) regēbo.
☐ b) regam.
☐ c) regem.

↑ S. 18

44 Der Superlativ von *pulcher* lautet ...
☐ a) pulchissimus.
☐ b) pulchillimus.
☐ c) pulcherrimus.

↑ S. 53

45 Der Genitivus partitivus gibt ...
☐ a) den Teil eines Ganzen an.
☐ b) eine Eigenschaft an.
☐ c) die Zugehörigkeit an.

↑ S. 36

46 Die Personalendungen vom Singular Perfekt Aktiv lauten ...
☐ a) -ī, -istī, -it.
☐ b) -īmus, -istis, -ērunt.
☐ c) -erim, -eris, -erit.

↑ S. 37

47 Setzt man die Perfektform *tēxit* ins Plusquamperfekt, lautet sie ...
☐ a) tēxerit.
☐ b) tēxerant.
☐ c) tēxerat.

48 Die Konjunktiv-Präsens-Form des Indikativs Passiv *tegimur* lautet ... ↑ S. 33

☐ a) tegēmur.
☐ b) tegeāmur.
☐ c) tegāmur.

49 Welche Präpositionen können sowohl mit Akkusativ als auch mit Ablativ stehen? ↑ S. 65

☐ a) in / sub
☐ b) in / pro
☐ c) ab / sub

50 *vetus, dīves* und *pauper* sind ... ↑ S. 15

☐ a) zweiendige Adjektive.
☐ b) einendige Adjektive.
☐ c) dreiendige Adjektive.

51 *quod* kann heißen ... ↑ S. 82

☐ a) dass / sodass
☐ b) dass / weil
☐ c) dass / obwohl

52 Welches ist die richtige Adverbform von *celer?* ↑ S. 21

☐ a) celerē
☐ b) celerens
☐ c) celeriter

53 Welcher Kasus steht auf die Frage *wohin?* ↑ S. 59

☐ a) Akkusativ
☐ b) Ablativ
☐ c) Akkusativ oder Ablativ

54 Eine Form, die aus dem Partizip Perfekt Passiv + Imperfekt von *esse* gebildet wird, ist eine ... ↑ S. 39

☐ a) Imperfektform.
☐ b) Futur-II-Form.
☐ c) Plusquamperfektform.

↑ S. 12

55 Wie lautet der Genitiv Plural von *domus?*

- ☐ a) domium
- ☐ b) domōrum / domuum
- ☐ c) domiorum

↑ S. 73

56 Wie kann man einen Ablativus absolutus übersetzen?

- ☐ a) mit einem AcI
- ☐ b) mit einem Nebensatz
- ☐ c) mit einer Infinitivkonstruktion

↑ S. 62

57 Nach den Adjektiven der Gemütsbewegung wie *laetus* oder *superbus* steht der ...

- ☐ a) Genitiv.
- ☐ b) Ablativ.
- ☐ c) Dativ.

↑ S. 14

58 Wie heißen die Nominativ-Singular-Formen von *niger?*

- ☐ a) niger, nigra, nigrum
- ☐ b) niger, nigera, nigerum
- ☐ c) niger, nigris, nigre

↑ S. 70

59 Der Satz *Cicerō ēloquentissimus esse dicitur* ist ein ...

- ☐ a) NcI.
- ☐ b) AcI.
- ☐ c) PC.

↑ S. 27

60 Das Indefinitpronomen *quīvīs* heißt übersetzt ...

- ☐ a) irgendjemand.
- ☐ b) jeder einzelne.
- ☐ c) jeder beliebige.

↑ S. 19

61 Wie lauten die Steigerungsformen von *magnus?*

- ☐ a) māior – māximus
- ☐ b) magnior – māximus
- ☐ c) māior – māissimus

62 Wie lautet das Kennzeichen für das Imperfekt Indikativ? ↑ S. 34
- ☐ a) -ba-
- ☐ b) -re-
- ☐ c) -bi-

63 Welche Aussage stimmt? Eine Wortfrage wird mit ... ↑ S. 81
- ☐ a) einem Relativpronomen eingeleitet.
- ☐ b) einem Fragewort eingeleitet.
- ☐ c) einem Fragepartikel eingeleitet.

64 Das Genus von *virtūs* ist ... ↑ S. 10
- ☐ a) Femininum.
- ☐ b) Maskulinum.
- ☐ c) Neutrum.

65 Was kann bei den Ablativen *causā* und *gratiā* stehen? ↑ S. 74
- ☐ a) ein Infinitiv
- ☐ b) ein PC
- ☐ c) ein Gerundium

66 Wie lauten die Steigerungsformen von *post?* ↑ S. 19
- ☐ a) posterior – posterrimus
- ☐ b) posterior – postremus
- ☐ c) postior – postremus

Schwierigkeitsgrad: schwer

67 Nach unpersönlichen Ausdrücken wie *appāret, praestat* oder *cōnstat* steht ... ↑ S. 68
- ☐ a) eine Infinitivkonstruktion.
- ☐ b) ein AcI.
- ☐ c) ein Ablativus absolutus.

68 Wie heißen die Stammformen von *ferre?* ↑ S. 48
- ☐ a) ferō, tulī, lātum
- ☐ b) ferō, feruī, fertum
- ☐ c) ferō, tulī, tultum

↑ S. 57

69 Der Dativus finalis gibt einen ...
- ☐ a) Zweck an.
- ☐ b) Urheber an.
- ☐ c) Grund an.

↑ S. 39

70 Was bedeutet die Form *laudātī erimus?*
- ☐ a) Wir werden gelobt worden sein.
- ☐ b) Wir wurden gelobt.
- ☐ c) Wir werden gelobt haben.

↑ S. 44

71 Wie heißt die Konjugation von *esse* im Singular Konjunktiv Präsens?
- ☐ a) sim, sīs, sit
- ☐ b) essem, essēs, esset
- ☐ c) erō, eris, erit

↑ S. 63

72 Wie lautet die Übersetzung von *in Rom?*
- ☐ a) Romā
- ☐ b) Romam
- ☐ c) Romae

↑ S. 10

73 Welches Genus hat das Substantiv (Nomen) *caput?*
- ☐ a) Maskulinum
- ☐ b) Neutrum
- ☐ c) Femininum

↑ S. 17

74 Wenn das Partizip Präsens substantivisch verwendet wird, lautet der Ablativ Singular auf ...
- ☐ a) -e.
- ☐ b) -ō.
- ☐ c) -ī.

↑ S. 47

75 Wie lautet die 2. Person Singular Indikativ Präsens von *nōlle?*
- ☐ a) nōlīs
- ☐ b) nōn vīs
- ☐ c) nōlās

76 Wenn der Nominativ und Akkusativ Plural eines Substantivs auf *-ia* enden, handelt es sich um ... ↑ S. 7

☐ a) ein Neutrum der Konsonantenstämme.
☐ b) ein Neutrum der *i*-Stämme.
☐ c) ein Neutrum der o-Deklination.

77 Das Futurpartizip *adiūtūrus* in dem Satz *Mē adiūtūrus venit* drückt ... ↑ S. 71

☐ a) Vorzeitigkeit aus.
☐ b) Gleichzeitigkeit aus.
☐ c) Nachzeitigkeit aus.

78 Wie lauten die Stammformen des Semideponens *gaudēre?* ↑ S. 43

☐ a) gaudeō, gaudī
☐ b) gaudeor, gāvīsus sum
☐ c) gaudeō, gāvīsus sum

79 Der Infinitiv Perfekt bezeichnet im Verhältnis zum Prädikat des Hauptsatzes die ... ↑ S. 69

☐ a) Gleichzeitigkeit.
☐ b) Vorzeitigkeit.
☐ c) Nachzeitigkeit.

80 Die Adverbform von *audāx* ist ... ↑ S. 20

☐ a) audāce.
☐ b) audācter.
☐ c) audācile.

81 Welche Konjunktionen können einen Finalsatz einleiten? ↑ S. 86

☐ a) ut / ne
☐ b) ut / ut non
☐ c) ut / cum

82 Die Form *fuerint* kann ... ↑ S. 44

☐ a) Konjunktiv Imperfekt sein.
☐ b) Konjunktiv Präsens sein.
☐ c) Konjunktiv Perfekt / Konjunktiv Futur sein.

↑S. 80

83 Wie kann man den verneinten Imperativ *Nōlī labōrāre!* noch ausdrücken?

☐ a) Nē labōrāveritis!

☐ b) Nē labōrāveris!

☐ c) Nē labōrātus eris!

↑S. 37

84 Wie heißt die Endung der 1. Person Singular im Futur II?

☐ a) -erim.

☐ b) -erō.

☐ c) -ebō.

↑S. 90

85 Welche Funktion liegt beim folgenden Relativpronomen vor? *Hic est Marcus. Quī stultus esse dicitur.*

☐ a) eine Betonung

☐ b) ein relativischer Satzanschluss

☐ c) eine Erläuterung

↑S. 30

86 Infinitive und Gerundia sind ...

☐ a) finite Verbformen.

☐ b) Aktivformen.

☐ c) Nominalformen.

↑S. 49

87 Das Verb *meminī* bedeutet ...

☐ a) ich erinnerte mich.

☐ b) ihr erinnert euch.

☐ c) ich erinnere mich.

↑S. 66

88 *tacēre* in der Wendung *praestat tacēre* ist ein ...

☐ a) Objektsinfinitiv.

☐ b) Attribut.

☐ c) Subjektsinfinitiv.

↑S. 29

89 Wie lautet der Genitiv Singular von *alius?*

☐ a) aliī

☐ b) aliōrum

☐ c) alterīus

90 Die Konjunktion *quoad* bedeutet ... ↑ S. 86

☐ a) sobald.
☐ b) solange.
☐ c) soweit.

91 Wie lautet das Gerundium *cōnsilium urbem relinquendī* als Gerundivkonstruktion? ↑ S. 77

☐ a) cōnsilium urbis relinquendī
☐ b) cōnsilium urbis relinquendae
☐ c) cōnsilium urbe relinquendā

92 Wenn man *laudābāminī* in den Konjuktiv setzt, heißt die richtige Form ... ↑ S. 34

☐ a) laudābiminī.
☐ b) laudebāminī.
☐ c) laudarēminī.

93 Bei *mihi* in *Mihi liber legendus est* handelt es sich um einen ... ↑ S. 56

☐ a) Ablativus qualitatis.
☐ b) Dativus ethicus.
☐ c) Dativus auctoris.

94 *dum* kann heißen ... ↑ S. 93

☐ a) solange / während / bis
☐ b) soweit / während / wenn
☐ c) solange / obwohl / bis

95 *revertī* kann heißen ... ↑ S. 43

☐ a) ich bin zurückgekehrt.
☐ b) zurückkehren / ich bin zurückgekehrt.
☐ c) zurückkehren

96 Die Wendung *eō cōnsiliō* ist ein ... ↑ S. 61

☐ a) Ablativus instrumentalis.
☐ b) Ablativus modi.
☐ c) Ablativus qualitatis.

↑ S. 11

97 Welches Genus hat das Substantiv (Nomen) *cor?*

- ☐ a) Maskulinum
- ☐ b) Femininum
- ☐ c) Neutrum

↑ S. 83

98 Welche Konjunktionen können nach Verben des Hinderns wie *impedīre* oder *prohibēre* stehen?

- ☐ a) ut / ut non
- ☐ b) ut / ne
- ☐ c) quominus / ne

↑ S. 89

99 Welches Tempus steht beim Irrealis der Vergangenheit in Neben- und Hauptsatz?

- ☐ a) Konjunktiv Imperfekt
- ☐ b) Konjunktiv Plusquamperfekt
- ☐ c) Konjunktiv Perfekt

↑ S. 91

100 Womit kann ein Relativsatz eine Verschränkung eingehen?

- ☐ a) Mit einem AcI.
- ☐ b) Mit Nebensätzen.
- ☐ c) Mit einem AcI / mit Nebensätzen.

Lösungen

Einfach

1 a)	18 c)
2 a)	19 b)
3 b)	20 a)
4 a)	21 b)
5 b)	22 b)
6 b)	23 b)
7 c)	24 a)
8 c)	25 c)
9 b)	26 b)
10 a)	27 b)
11 b)	28 b)
12 b)	29 a)
13 c)	30 a)
14 a)	31 c)
15 b)	32 a)
16 a)	33 a)
17 c)	

Mittel

34 a)	51 b)
35 b)	52 c)
36 a)	53 a)
37 c)	54 c)
38 c)	55 b)
39 a)	56 b)
40 c)	57 b)
41 b)	58 a)
42 c)	59 a)
43 b)	60 c)
44 c)	61 a)
45 a)	62 a)
46 a)	63 b)
47 c)	64 a)
48 c)	65 c)
49 a)	66 b)
50 b)	

Schwer

67 a)	84 b)
68 a)	85 b)
69 a)	86 c)
70 a)	87 c)
71 a)	88 c)
72 c)	89 c)
73 b)	90 b)
74 a)	91 b)
75 b)	92 c)
76 b)	93 c)
77 c)	94 a)
78 c)	95 b)
79 b)	96 b)
80 b)	97 c)
81 a)	98 c)
82 c)	99 b)
83 b)	100 c)

Bibliografische Information der Deutschen Nationalbibliothek
Die Deutsche Nationalbibliothek verzeichnet diese Publikation in der Deutschen Nationalbibliografie; detaillierte bibliografische Daten sind im Internet über http://dnb.ddb.de abrufbar.

4., aktualisierte Auflage

D C B A
Bibliographisches Institut GmbH
Mecklenburgische Straße 53, 14197 Berlin

Redaktionelle Leitung Heike Krüger-Beer
Redaktion Claudia Fahlbusch
Autorin Linda Strehl

Herstellung Ursula Fürst
Typografisches Konzept Horst Bachmann
Illustrator Peter Lohse, Büttelborn
Umschlaggestaltung Michael Acker
Satz Robert Turzer, CH-3995 Ernen
Druck und Bindung fgb – freiburger graphische betriebe GmbH & Co. KG
Bebelstraße 11, 79108 Freiburg i. Br.
Printed in Germany

ISBN 978-3-411-70624-2

Stichwortfinder